Anti-Str

Reihe herausgegeben von

Peter Buchenau
The Right Way GmbH
Waldbrunn, Deutschland

Stress ist in unserem Privat- und Berufsleben alltäglich und ist laut WHO die größte Gesundheitsgefährdung im 21. Jahrhundert. Die durch Stress verursachten Krankheitskosten erreichten bereits jährlich die Milliarden-Euro-Grenze. Jeder Mensch ist aber verschieden und reagiert unterschiedlich auf Stress. Als Ursache lässt sich Stress nicht einfach und oft erst spät erkennen, sodass Prävention und Behandlung erschwert werden. Die Anzahl der durch Stress bedingten Erkrankungen nimmt folglich weiter zu, Ausfälle im Berufsleben sind vorprogrammiert. Die Anti-Stress-Trainer-Reihe setzt sich mit dieser Thematik intensiv in einem beruflichen Kontext auseinander. Initiator Peter Buchenau gibt Experten aus unterschiedlichen Branchen die Möglichkeit, für Ihr jeweiliges Fachgebiet präventive Stressregulierungsmaßnahmen unterhaltsam und leicht verständlich zu beschreiben. Ein kompaktes Taschenbuch von Profis für Profis, aus der Praxis für die Praxis. Leserinnen und Leser, egal ob Führungskräfte, Angestellte oder Privatpersonen, erhalten praxiserprobte Stresspräventionstipps, die in ihrem spezifischen Arbeits- und Lebensumfeld eine Entlastung bringen können.

Weitere Bände in der Reihe
http://www.springer.com/series/16163

Stefanie Lehmann

Der Anti-Stress-Trainer für Fernstudierende

Mit Beiträgen von Peter H. Buchenau

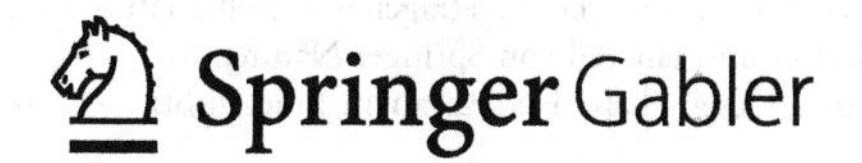

Stefanie Lehmann
Paderborn, Deutschland

Anti-Stress-Trainer
ISBN 978-3-658-29565-3 ISBN 978-3-658-29566-0 (eBook)
https://doi.org/10.1007/978-3-658-29566-0

Die Deutsche Nationalbibliothek verzeichnet diese Publikation in der Deutschen Nationalbibliografie; detaillierte bibliografische Daten sind im Internet über http://dnb.d-nb.de abrufbar.

Springer Gabler

Springer Gabler ist ein Imprint der eingetragenen Gesellschaft Springer Fachmedien Wiesbaden GmbH und ist ein Teil von Springer Nature.
Die Anschrift der Gesellschaft ist: Abraham-Lincoln-Str. 46, 65189 Wiesbaden, Germany

Widmung

Dieses Buch widme ich allen Menschen, die mich auf meinem Lebensweg begleiten und vielfältig inspirieren. Danke auch an diejenigen, die mir durch Nebel, Eisberge und andere Hindernisse den direkten Kurs versperrt haben. Ohne sie wäre ich nicht die, die ich heute bin.

Danke, dass ich in Klasse 10 nicht die Möglichkeit hatte, Chemie als Leistungskurs zu wählen. Danke dafür, dass ich mit 17 lieber Geld verdienen sollte und am Berufskolleg für Floristen die Einzige war, die das Fachabitur neben der Ausbildung machen wollte. Danke an den Prüfungsausschuss für unerwartete Noten für Brautstrauß und Urnenschmuck. Danke Robert, dass Du nicht in Berlin studiert hast und für Deine Sicht als Informatiker auf diese Welt. Danke, dass ich später im Rahmen von NRW-Abitur-online meine Fachhochschulreife während Scheidung und Job zum Geldverdienen mit größtmöglicher Flexibilität basteln konnte. Danke an Stephan für Deine unendliche Geduld mit mir bei Mathe und Statistik.

Jeder zunächst subjektive Rückschlag hat in mir unglaubliche Energie freigesetzt – sofort, etwas oder erst sehr viel später. Danke an mein soziales und familiäres Umfeld.

Ohne euch hätte ich nie gelernt, Prioritäten zu setzen, effizient und strukturiert zu arbeiten. Ein wirklich ernst gemeintes, ganz herzliches Dankeschön an viele meiner ehemaligen Vorgesetzten. Danke fürs ins kalte Wasser werfen und/oder triviale Aufgaben, die meine Kreativität beflügelten. So nahm ich mir Thomas Alva Edison zum Vorbild.

Großes Dankeschön an S., J., P., M., T., E. und ganz besonders an A. Ganz lieben Dank für inspirierende Tage im Kloster bzw. in Warendorf, mit und ohne Heike. Danke an diejenigen, mit denen ich stille bzw. beflügelnde Auszeiten in Berlin, Bremen und Hessen teilen darf. Diese besonderen Ausflüge geben mir den Mut, utopisch geglaubte Kindheitsträume zu verwirklichen. Unendlich lieben Dank an die jungen Wilden, insbesondere Eva, Melanie, Melissa, Nora, Johanna, Filippo und Tiziano für eure frische, kindlich-jugendliche Sicht auf das Leben und an liebe Weggefährten, die ich hier ganz bewusst unerwähnt lasse.

Einen Wunsch richte ich noch an alle, die momentan nicht auf der Sonnenseite des Lebens stehen: Bitte geht EUREN Weg. Es lohnt sich. Widerstände sind dazu da, überwunden zu werden:

> Es gibt immer noch mindestens einen anderen Weg. (Dr. Alexander S. Strassburg)

Also los, folgen Sie diesem Lebensmotto und finden Sie ihn! Irgendwo gibt es immer wunderbare Menschen, die unterstützen – auch dann, wenn man den Glauben daran schon (fast) aufgegeben hat.

Geleitwort von Prof. Dr. Andrea Hüttmann

Sie suchen eine Anleitung für eine herausfordernde Lebenssituation? Sie möchten Ihren Bachelor-Abschluss in einem Fernstudium erlangen? Dann ist dieses Büchlein genau das Richtige für Sie. Warum? Erstens wegen seines überzeugenden Inhaltes und zweitens wegen seiner Autorin, die ihr Know-how und ihre erfolgserprobten Erfahrungen für Sie niedergeschrieben und sortiert hat und zugleich bei jedem, der ihr begegnet, eine nachhaltige Wirkung entfaltet. Stefanie Lehmann ist das, was man im klassischen Sinne eine Powerfrau nennen würde. Wer sie kennenlernt, merkt jedoch schnell, dass man ihr mit diesem Begriff nicht gerecht wird. Sie ist mehr als das – sie entzieht sich jeglicher Stereotypisierung, ist erfrischend anders, geradezu irritierend entschlossen und vor allem eines – energiegeladen. Lassen Sie sich anstecken von der Dynamik, Zielorientierung und kompromisslosen Haltung dieser erstaunlichen Frau, an deren Erfolg niemand mehr zweifelt, der ihr begegnet! Herzlichen Glückwunsch, liebe Stefanie Lehmann! Gutes Gelingen bei Ihrem Vorhaben, liebe Leserinnen und Leser!

Professor Dr. Andrea Hüttmann, Vizepräsidentin der accadis Hochschule Bad Homburg

Geleitwort von Prof. Dr. Viviane Scherenberg

Das vorliegende „Anti-Stress-Training für Fernstudierende" beschäftigt sich angesichts der steigenden Zahl nebenberuflicher Studierender mit einem äußerst wichtigen Thema. Das Werk besticht durch einen äußerst lebhaften und bildhaften Schreibstil. Dieser außergewöhnliche Schreibstil trägt dazu bei, dass es den interessierten Leserinnen und Lesern dieses Anti-Stress-Trainings sehr leicht fallen wird, die praxisnahe Materie sehr schnell zu erfassen. Und das nicht ohne Grund, denn die Autorin ist selbst eine engagierte Fernstudierende der „Angewandten Psychologie", die sich so mit den Lesern nicht nur sehr gut identifizieren kann, sondern umfassend auf die Herausforderungen eines Fernstudiums eingeht.

Grundsätzlich unterteilt sich das Werk in sechs Kapitel, angefangen von einem Einblick in die kleine „Stresskunde" bis hin zu einem Notfallplan und Hinweisen zur Selbsthilfe in Stresssituationen. Das „Anti-Stress-Training für Fernstudierende" behandelt alle wichtigen Themen ganzheitlich und äußerst kompakt, die im Zusammenhang mit dem Fernstudium stehen können. So beschränkt sich das Werk nicht nur auf klassische Themen wie Stressmanagement, Zeitmanagement, Perfektionismus, Schlaf oder Entspannung, sondern wurde angereichert mit weiteren relevanten Themen wie Finanztipps, Schnelllesetechniken oder auch allgemeinen Organisationstipps. Es fällt dabei auf, dass ein großer Wert auf die Integration konkreter Lösungen für die vielfältigen Herausforderungen gelegt wird, um einen möglichst großen Nutzen zu stiften. Daher besteht der Lesestoff nicht nur aus interessanten psychologischen Hintergrundinformationen rund um das Thema „Stress im Fernstudium", sondern wird immer wieder mit einer Vielzahl an praktischen Tipps, Beispielen und Übungen angereichert.

Zusammenfassend ist es der engagierten Autorin gelungen, viele praktische Hinweise für Fernstudierende zu liefern. Das Resultat ist ein interdisziplinäres Anti-Stress-Training, das nebenberuflich Studierenden viele Anregungen und Impulse liefert. Das Anti-Stress-Training ist sehr kompakt und erfrischend geschrieben. Es bietet einen guten Einblick und bringt die wesentlichen Aspekte lösungsorientiert und sehr lesefreundlich auf den Punkt. Die regelrechte Leidenschaft der Autorin für die Thematik ist deutlich zu spüren.

Prof. Dr. Viviane Scherenberg, Dekanin Prävention und Gesundheitsförderung der Apollon Hochschule Bremen

Hinweis zum Gendern

Um einen leichten Lesefluss zu gewährleisten, habe ich mich für die weitverbreitete Variante der männlichen Form entschieden. Wohlwissend, dass viele Fernstudierende weiblich sind, wenn sie den Schritt an die Hochschule wagen. Auch das dritte Geschlecht ist angesprochen. Bitte fühlen Sie sich, egal ob männlich, weiblich oder divers, herzlich eingeladen. Die bewusste Wahl für ein förmliches „Sie" schätzt sowohl die persönliche Reife sowie Ihr Standing als Fernstudierende aller Altersstufen gleichermaßen wert. Wem die förmliche Anrede fremd ist: Gewöhnen Sie sich schon einmal daran! Fernstudierende haben spätestens nach Abschluss ihres Studiums das Zeug zur Führungskraft. In vielen Branchen werden Sie dann zumindest von den Ihnen unterstellten Mitarbeitenden gesiezt. Willkommen auf Ihrer Reise zum Bachelorhut.

Inhaltsverzeichnis

Vorwort und über mich

Stefanie Lehmann Liebe Fernstudierende,
schon als Kind strebte ich insgeheim ein Studium an, obwohl ich aus einer Arbeiterfamilie stamme. Darüber hinaus wollte ich bereits in Kindertagen ein Buch schreiben, einen Bauerngarten bewirtschaften und einiges mehr. Ja, mein Tag hat auch nur 24 Stunden. Der alltägliche Wahnsinn hatte mich oft völlig im Griff. Mit fast 40 nahm ich mein berufsbegleitendes Fernstudium an der Apollon Hochschule in Bremen auf und lernte das erste Mal in meinem Leben richtig zu lernen. Die Informationsflut war seit meiner Schulzeit potenziert. Wie studieren die „jungen Wilden", die Digital Natives, die scheinbar spielerisch und zielstrebig mit den Abläufen eines Bachelorstudiums umgehen? Da ist Jorge, knapp über 20. Er nutzt sämtliche Zeit- und Selbstmanagementtechniken sehr effizient. Jana, ein paar Jahre älter als ich, fasziniert mich durch ihre Ausstrahlung und ihre gigantische Gelassenheit. Im Fernstudium lernt man unterschiedliche Menschen aus verschiedenen Branchen, Lebenslagen, Orten und mit vielfältigen Beweggründen für ein Studium kennen.

Nach der Einführung in das wissenschaftliche Arbeiten stockte meine akademische Ausbildung. Ich hatte das Gefühl, ich war einerseits der Flut der Materialien bzw. andererseits der selektiven Blicke, die mir die Studienhefte scheinbar vermittelten, nicht gewachsen. Bachelor heißt Grundlagen zu legen. Nach den Modulen Projektmanagement, Kommunikation und Präsentation erwischte ich mich, als ich Inhalte einschob, die nicht auf dem Lehrplan standen, mich jedoch so intrinsisch beschäftigten, dass sie Teil meines persönlichen Studiums wurden. Bachelor adé? Nein. Während ich BWL im Schnelldurchlauf wiederholte, stellte mich die Statistik vor die größte Herausforderung. Der Albtraum aus Klasse 12 erlebte seine Renaissance. Welchen einengenden Glaubenssätzen bezogen auf Mathematik und Statistik war ich zum Opfer gefallen? Ich startete das Modul Motivationspsychologie. Dabei nahm ich mir die Vorschläge von Frau Prof. Scherenberg zu Herzen, ein Thema zu wählen, was mich persönlich weiterbringen und bereichern würde. Selbsterkenntnis stand bevor. Die Hausarbeit – die fürs Studium und die tägliche hauswirtschaftliche Arbeit in den eigenen vier Wänden – wartete bzw. sollte dringend optimiert werden. Wie bewältige ich die Flut von Wissen? Citavi war meine Lösung. Mit den Studienheften wurde ich nie warm. Manchmal gab es für mich zu wenig Input. Ich stellte fest, dass Themen erneut aufgegriffen wurden. Ärgerlich für meine Art zu lernen. So bin ich zur Technik von Prof. Dr. Harald Rau übergegangen: den Arbeitsprozess umkehren, um mein Gesamtkunstwerk kontinuierlich zu ergänzen. Darüber hinaus habe ich mir die Idee von Prof. Dr. Andrea Hüttmann zu Herzen genommen, in großem Bogen zu studieren, um mir mein individuelles Wissensnetzwerk aufzubauen. Kapitelweise puzzelte ich Erkenntnisse des Lehrplans und darüber hinausgehend zusammen. MEIN Bachelor bedeutet für mich, fürs Leben zu lernen, nicht nur für ein Zeugnis oder um vor dem Rathaus in Bremen den Hut zu werfen. Nach sechs Monaten im Zeitverzug war mein Studium über meine autodidaktische Hochschulausbildung weit fortgeschritten. Mir kam mir die Idee, das Wissen aufzuschreiben. Als ich Kontakt zu Peter Buchenau bekam, wurde mir klar, wofür es sich gelohnt hatte. Die Idee des Leuchtturms war geboren. Es gab kein Aufschieben mehr für mein erstes Buch.

Lassen Sie nun neben dem nötigen Ernst des Studiums Ihrer Kreativität freien Lauf. Gehen Sie Ihren individuellen Weg zum Bachelorhut, gemeinsam mit Ihren Mitstudierenden. Der Leuchtturm wird Ihnen Ihren persönlichen Weg weisen.

Viel Spaß und wundersame Erkenntnisse!

Ihre Stefanie Lehmann

1

Kleine Stresskunde: Das Adrenalinzeitalter

Peter Buchenau

Zusammenfassung Möglicherweise kennen Sie bereits meinen *Anti-Stress-Trainer*. Dieses Kapitel greift darauf zurück, weil das Konzept der neuen Anti-Stress-Trainer-Reihe die Tipps, Herausforderungen und Ideen aus meinem Buch mit den jeweiligen Anforderungen der unterschiedlichen Ziel- und Berufsgruppen verbindet. Die Autoren, die jeweils aus Ihrem Tätigkeitsprofil kommen, schneiden diese Inhalte dann für Sie zu. Viel Erfolg, und passen Sie auf sich auf.

Das Konzept der Reihe

Möglicherweise kennen Sie bereits meinen *Anti-Stress-Trainer* (Buchenau 2014). Dieses Kapitel greift darauf zurück, weil das Konzept der neuen Anti-Stress-Trainer-Reihe die Tipps, Herausforderungen und Ideen aus meinem Buch mit den jeweiligen Anforderungen der unterschiedlichen Ziel- und Berufsgruppen verbindet. Die Autoren, die jeweils aus Ihrem Tätigkeitsprofil kommen, schneiden diese Inhalte dann für Sie zu. Viel Erfolg, und passen Sie auf sich auf.

S. Lehmann, *Der Anti-Stress-Trainer für Fernstudierende*, Anti-Stress-Trainer, https://doi.org/10.1007/978-3-658-29566-0_1

Leben auf der Überholspur: Sie leben unter der Diktatur des Adrenalins. Sie suchen immer den neuen Kick, und das nicht nur im beruflichen Umfeld. Selbst in der Freizeit, die Ihnen eigentlich Ruhephasen vom Alltagsstress bringen sollte, kommen Sie nicht zur Ruhe. Mehr als 41 % aller Beschäftigten geben bereits heute an, sich in der Freizeit nicht mehr erholen zu können. Tendenz steigend. Wen wundert es?

Anstatt sich mit Power Napping (Kurzschlaf) oder Extreme Couching (Gemütlichmachen) in der Freizeit Ruhe und Entspannung zu gönnen, macht die Gesellschaft vermehrt Extremsportarten wie Fallschirmspringen, Paragliding, Extreme Climbing oder Marathon zu ihren Hobbys. Jugendliche ergeben sich dem Komasaufen, der Einnahme von verschiedensten Partydrogen oder verunstalten ihr Äußeres massiv durch Tattoos und Piercing. Sie hasten nicht nur mehr und mehr atemlos durchs Tempoland Freizeit, sondern auch durch das Geschäftsleben. Ständige Erreichbarkeit heißt die Lebenslösung. Digitalisierung und mobile, virtuelle Kommunikation über die halbe Weltkugel bestimmen das Leben. Wer heute seine E-Mails nicht überall online checken kann, wer heute nicht auf Facebook, Instagram & Co. ist, ist out oder schlimmer noch, der existiert nicht.

Klar, die Anforderungen im Beruf werden immer komplexer. Die Zeit überholt uns, engt uns ein, bestimmt unseren Tagesablauf. Viel Arbeit, ein Meeting jagt das nächste, und ständig klingelt das Smartphone. Multitasking ist angesagt, und wir wollen so viele Tätigkeiten wie möglich gleichzeitig erledigen.

Schauen Sie sich doch mal in Ihren Meetings um. Wie viele Angestellte in Unternehmen beantworten in solchen Treffen gleichzeitig ihre E-Mails oder schreiben WhatsApp-Nachrichten? Kein Wunder, dass diese Mitarbeiter dann nur die Hälfte mitbekommen und Folgemeetings notwendig sind. Ebenfalls kein Wunder, dass das Leben einem davonrennt. Aber wie sagt schon ein altes, chinesisches Sprichwort: „Zeit hat nur der, der sich auch Zeit nimmt." Zudem ist es unhöflich, seinem Gesprächspartner nur halb zuzuhören.

Das Gefühl, dass sich alles zum Besseren wendet, wird sich mit dieser Einstellung nicht ergeben. Im Gegenteil: Alles wird noch rasanter und flüchtiger. Müssen Sie dafür Ihre Grundbedürfnisse vergessen? Wurden Sie mit Stress oder Burnout geboren? Nein, sicherlich nicht. Warum müssen Sie sich dann den Stress antun?

Zum Glück gibt es dazu das Adrenalin. Das Superhormon, die Superdroge der Highspeedgesellschaft. Bei Chemikern und Biologen auch unter $C_9H_{13}NO_3$ bekannt. Dank Adrenalin schuften Sie wie ein Hamster im Rad. Schneller und schneller und noch schneller. Sogar die Freizeit läuft nicht ohne Adrenalin. Der Stress hat in den letzten Jahren dramatisch zugenommen und somit auch die Adrenalinausschüttung in Ihrem Körper.

Schon komisch: Da produzieren Sie massenhaft Adrenalin und können dieses so schwer erarbeitete Produkt nicht verkaufen. Ja, nicht mal verschenken können Sie es. In welcher Gesellschaft leben Sie denn überhaupt, wenn Sie für produzierte Güter bzw. Dienstleistungen keine Abnehmer finden?

Deshalb die Frage aus betriebswirtschaftlicher Sicht an alle Unternehmer, Führungskräfte und Selbstständigen: Warum produziert ihr ein Produkt, das ihr nicht am Markt verkaufen könnt? Wärt ihr meine Angestellten, würde ich euch wegen Unproduktivität und Fehleinschätzung des Marktes feuern.

Stress kostet Unternehmen und Privatpersonen viel Geld. Gemäß einer Studie der Europäischen Beobachtungsstelle für berufsbedingte Risiken (mit Sitz in Bilbao) vom 04.02.2008 leidet jeder vierte EU-Bürger unter arbeitsbedingtem Stress. Im Jahre 2005 seien 22 % der europäischen Arbeitnehmer von Stress betroffen gewesen, ermittelte die Institution. Abgesehen von menschlichem Leid bedeutet das auch, dass die wirtschaftliche Leistungsfähigkeit der Betroffenen in erheblichem Maße beeinträchtigt ist. 60 % der Fehltage gehen inzwischen auf Stress zurück. Stress ist mittlerweile das zweithäufigste arbeitsbedingte Gesundheitsproblem. Nicht umsonst hat die Weltgesundheitsorganisation WHO Stress zur größten Gesundheitsgefahr im 21. Jahrhundert erklärt und Burnout ab 2022 als eigenständige Erkrankung mit ICD-11-Code anerkannt und genauer spezifiziert (WHO ICD-11 – 11 o. J.). Einem Bericht der *Rheinischen Post* zufolge betrugen die Produktionsausfallkosten, die der Wirtschaft in Verbindung mit seelischen Leiden der Deutschen entstehen, jedes Jahr mehr als 8 Mrd. EUR. Hinzu kommen noch die Behandlungskosten (Wirtschaftswoche 2016).

1.1 Was sind die Ursachen?

Die häufigsten Auslöser für den Stress sind der Studie zufolge unsichere Arbeitsverhältnisse, hoher Termindruck, unflexible und lange Arbeitszeiten, Mobbing und nicht zuletzt die Unvereinbarkeit von Beruf und Familie. Neue Technologien, Materialien und Arbeitsprozesse bringen der Studie zufolge ebenfalls Risiken mit sich.

Meist Arbeitnehmer, die sich nicht angemessen wertgeschätzt fühlen und auch oft unter- beziehungsweise überfordert sind, leiden unter Dauerstress. Sie haben ein doppelt so hohes Risiko, an einem Herzinfarkt oder einer Depression zu erkranken. Anerkennung und die Perspektive, sich in einem sicheren Arbeitsverhältnis weiterentwickeln zu können, sind in diesem Umfeld viel wichtiger als nur eine angemessene Entlohnung. Diesen Wunsch vermisst man meist in öffentlichen Verwaltungen, in Behörden sowie Großkonzernen. Gewalt und Mobbing sind oft die Folge.

Gerade in Zeiten von Fachkräftemangel fehlt den Unternehmen qualifiziertes Personal. Hetze und Mehrarbeit aufgrund von Arbeitsverdichtung sind die Folge. Viele Arbeitnehmer leisten massiv Überstunden. 59 % haben Angst um ihren Job oder ihre Position im Unternehmen, wenn sie diese Mehrarbeit nicht erbringen, so die Studie.

Weiter ist bekannt, dass Druck (also Stress) Gegendruck erzeugt. Druck und Mehrarbeit über einen langen Zeitraum führen somit zu einer Produktivitätssenkung. Gemäß einer Schätzung des Kölner Angstforschers Wilfried Panse leisten Mitarbeiter schon lange vor einem Zusammenbruch 20 bis 40 % weniger als gesunde Mitarbeitende. Wenn Vorgesetzte in diesen Zeiten zudem Ziele schwach oder ungenau formulieren und gleichzeitig Druck ausüben, erhöhen sich die stressbedingten Ausfallzeiten, die dann von den etwas stressresistenteren Mitarbeitern aufgefangen werden müssen. Eine Spirale, die sich immer tiefer in den Abgrund bewegt. Im *Psychoreport* der Deutschen Angestellten Krankenkasse (DAK) 2019 steigt die Zahl der psychischen Erkrankungen massiv an. Gegenüber 1997 hat sich die Anzahl der Fehltage mehr als verdreifacht. Ein deutlicher Anstieg ist sowohl bei Frauen als auch u. a. in der öffentlichen Verwaltung und im Gesundheitswesen zu verzeichnen (DAK Gesundheit 2019). Gemäß einer Studie des Deutschen Gewerkschaftsbunds (DGB) bezweifeln 30 % der Beschäftigten, ihr Rentenalter im Beruf zu erreichen. Frühverrentung ist die Folge. Haben Sie sich mal für Ihr Unternehmen gefragt, wie viel Geld Sie in Ihrem Unternehmen für durch Stress verursachte Ausfallzeiten bezahlen? Oder auf den einzelnen Menschen bezogen: Wie viel Geld zahlen Sie für Ihre Krankenversicherung und welche Gegenleistung bekommen Sie von der Krankenkasse dafür? Vielleicht sollten die Krankenkassen verstärkt in die Vermeidung Stress verursachender Aufgaben und Tätigkeiten investieren, anstatt Milliarden unüberlegt in die Behandlung von gestressten oder bereits von Burnout betroffenen Menschen zu stecken. In meiner Managerausbildung lernte ich bereits vor 20 Jahren: „Du musst das Problem an der Wurzel packen." Vorbeugen ist immer noch besser als reparieren. Beispiel: Bereits 2005 erhielt die London Underground den Unum Provident Healthy Workplaces Award (frei übersetzt: den Unternehmens-Gesundheitsschutz-Präventionspreis) der britischen Regierung. Alle 13.000 Mitarbeiter der London Underground wurden ab 2003 einem Stressregulierungsprogramm unterzogen. Die Organisation wurde angepasst, die Vorgesetzten auf Früherkennung und Stress reduzierende Arbeitstechniken ausgebildet, und alle Mitarbeiter wurden über die Gefahren von Stress und Burnout aufgeklärt. Das Ergebnis war verblüffend. Die Ausgaben, bedingt durch Fehlzeiten der Arbeitnehmer, reduzierten sich um 455.000 britische Pfund, was einem Return on Invest von eins zu acht entspricht. Mit anderen Worten: Für jedes eingesetzte britische Pfund fließen acht Pfund wieder zurück ins Unternehmen. Eine erhöhte Produktivität des einzelnen Mitarbeiters war die Folge. Ebenso verbesserte sich die gesamte Firmenkultur. Die Mitarbeiter erlebten einen positiven Wechsel in Gesundheit und Lifestyle.

Wann hören Sie auf, Geld aus dem Fenster zu werfen? Unternehmer, Führungskräfte, Personalverantwortliche und Selbstständige müssen sich deshalb immer wieder die Frage stellen, wie Stress im Unternehmen verhindert oder gemindert werden kann, um Kosten zu sparen und um somit die Produktivität und Effektivität zu steigern. Doch anstatt in Stresspräventionstrainings zu investieren, steht landläufig weiterhin die Verkaufs- und Kommunikationsfähigkeit des Personals im Fokus. Dabei zahlt sich, wie diese Beispiele beweisen, Stressprävention schnell und nachhaltig aus: Michael Kastner, Leiter des Instituts für Arbeitspsychologie und Arbeitsmedizin in Herdecke, beziffert die Rentabilität: „Eine Investition von einem Euro in eine moderne Gesundheitsförderung zahlt sich nach drei Jahren mit mindestens 1,80 Euro aus."

1.2 Überlastet oder gar schon gestresst?

Modewort Stress: Der Satz „Ich bin im Stress" ist anscheinend zum Statussymbol geworden, denn wer so viel zu tun hat, dass er gestresst ist, scheint eine gefragte und wichtige Persönlichkeit zu sein. Stars, Manager, Politiker gehen hier mit schlechtem Beispiel voran und brüsten sich in der Öffentlichkeit damit, „gestresst zu sein". Stress scheint daher beliebt zu sein und ist immer eine willkommene Ausrede.

Es gehört zum guten Ton, keine Zeit zu haben, sonst könnte ja Ihr Gegenüber meinen, Sie täten nichts, seien faul, hätten wahrscheinlich keine Arbeit oder seien ein Versager. Überprüfen Sie mal bei sich selbst oder in Ihrem unmittelbaren Freundeskreis die Wortwahl: Die Mutter hat Stress mit ihrer Tochter, die Nachbarn haben Stress wegen der neuen Garage, der Vater hat Stress, weil er die Winterreifen wechseln muss, der Arbeitsweg ist stressig, weil so viel Verkehr ist, der Sohn kann nicht zum Sport, weil ihn die Hausaufgaben stressen, der neue Hund stresst, weil die Tochter, für die der Hund bestimmt war, Stress mit ihrer besten Freundin hat – und dadurch keine Zeit. Ich bin gespannt, wie viele banale Erlebnisse Sie in Ihrer Familie und in Ihrem Freundeskreis entdecken.

Gewöhnen sich Körper und Geist an diese Bagatellen, besteht die Gefahr, dass wirkliche Stress- und Burnoutsignale nicht mehr erkannt werden. Die Gefahr, in die Stressspirale zu geraten, steigt. Eine Studie des Schweizer Staatssekretariats für Wirtschaft aus dem Jahr 2000 untermauerte dies bereits damit, dass sich 82 % der Befragten gestresst fühlen, aber 70 % ihren Stress im Griff haben. Entschuldigen Sie meine provokante Aussage: Dann haben Sie keinen Stress.

Überlastung: Es gibt viele Situationen von Überlastung. In der Medizin, Technik, Psyche, Sport etc. hören und sehen wir jeden Tag Überlastungen. Es kann ein Boot sein, welches zu schwer beladen ist. Ebenso aber auch, dass jemand im Moment zu viel Arbeit, zu viele Aufgaben, zu viele Sorgen hat oder dass ein System oder ein Organ zu sehr beansprucht ist und nicht mehr richtig funktioniert. Das kann das Internet, das Stromnetz oder das Telefonnetz sein, aber auch der Kreislauf oder das Herz.

Die Fachliteratur drückt es als „momentan über dem Limit" oder „kurzzeitig mehr als erlaubt" aus. Wichtig ist hier das Wörtchen „momentan". Jeder von uns Menschen ist so gebaut, dass er kurzzeitig über seine Grenzen hinausgehen kann. Jeder von Ihnen kennt das Gefühl, etwas Besonders geleistet zu haben. Sie fühlen sich wohl dabei und sind meist hinterher stolz auf das Geleistete. Sehen Sie Licht am Horizont und sind Sie sich bewusst, welche Tätigkeit Sie ausführen und zudem, wie lange Sie an einer Aufgabe zu arbeiten haben, dann spricht die Stressforschung von Überlastung und nicht von Stress. Also dann, wenn der Vorgang, die Tätigkeit oder die Aufgabe für Sie absehbar und kalkulierbar ist. Dieser Vorgang ist aber von Mensch zu Mensch unterschiedlich. Zum Beispiel fühlt sich ein Marathonläufer nach 20 km überhaupt nicht überlastet, aber der übergewichtige Mensch, der Schwierigkeiten hat, zwei Stockwerke hochzusteigen, mit Sicherheit. Für ihn ist es keine Überlastung mehr, für ihn ist es Stress.

1.3 Alles Stress, oder was?

Stress: Es gibt unzählige Definitionen von Stress, und leider ist eine Eindeutigkeit oder eine Norm bis heute nicht gegeben. Stress ist individuell, unberechenbar, nicht greifbar. Es gibt kein Allheilmittel dagegen, da jeder Mensch Stress anders empfindet und somit auch die Vorbeuge- und Behandlungsmaßnahmen unterschiedlich sind.

Nachfolgende fünf Definitionen bezüglich Stress sind richtungsweisend:

1. „Stress ist ein Zustand der Alarmbereitschaft des Organismus, der sich auf eine erhöhte Leistungsbereitschaft einstellt" (Hans Seyle 1936; ein ungarisch-kanadischer Zoologe, gilt als der Vater der Stressforschung).
2. „Stress ist eine Belastung, Störung und Gefährdung des Organismus, die bei zu hoher Intensität eine Überforderung der psychischen und/oder physischen Anpassungskapazität zur Folge hat" (Fredrik Fester 1976).
3. „Stress gibt es nur, wenn Sie ‚Ja' sagen und ‚Nein' meinen" (Reinhard Sprenger 2000).
4. „Stress wird verursacht, wenn du ‚hier' bist, aber ‚dort' sein willst, wenn du in der Gegenwart bist, aber in der Zukunft sein willst" (Eckhard Tolle 2002).
5. „Stress ist heute die allgemeine Bezeichnung für körperliche und seelische Reaktionen auf äußere oder innere Reize, die wir Menschen als anregend oder belastend empfinden. Stress ist das Bestreben des Körpers, nach einem irritierenden Reiz so schnell wie möglich wieder ins Gleichgewicht zu kommen" (Schweizer Institut für Stressforschung 2005).

Bei allen fünf Definitionen gilt es zu unterscheiden zwischen negativem Stress – ausgelöst durch im Geiste unmöglich zu lösende Situationen – und positivem Stress, welcher in Situationen entsteht, die subjektiv als lösbar wahrgenommen werden. Sobald Sie begreifen, dass Sie selbst über das Empfinden von freudvollem Stress (Eustress) und leidvollem Stress (Disstress) entscheiden, haben Sie Handlungsspielraum.

Bei **positivem Stress** wird eine schwierige Situation als positive Herausforderung gesehen, die es zu bewältigen gilt und die Sie sogar genießen können. Beim positiven Stress sind Sie hoch motiviert und konzentriert. Stress ist hier die Triebkraft zum Erfolg.

Bei **negativem Stress** befinden Sie sich in einer schwierigen Situation, die Sie noch mehr als völlig überfordert. Sie fühlen sich der Situation ausgeliefert, sind hilflos, und es werden keine Handlungsmöglichkeiten oder Wege aus der Situation gesehen. Langfristig macht dieser negative Stress krank und endet oft im Burnout.

1.4 Burnout – Die letzte Stressstufe

Burnout: Als letzte Stufe von Stress tritt das sogenannte Burnout auf. Nun helfen keine Medizin und Prävention mehr; jetzt muss eine langfristige Auszeit unter professioneller Begleitung her. Ohne fremde Hilfe können Sie der Burnoutspirale nicht entkommen. Die Wiedereingliederung eines Burnoutklienten zurück in die Arbeitswelt ist sehr aufwendig. Meist gelingt das erst nach einem Jahr Auszeit, oft auch gar nicht.

Aus einer Studie der Frankfurter Unternehmensgruppe Baumann aus dem Jahr 2014 geht hervor: „Mehr als jeder zweite Manager hält es für möglich, einmal einen [sic!] Burnout zu bekommen (Faller 2014)“. Die gebräuchlichste Definition von Burnout stammt von Maslach & Jackson aus dem Jahr 1986: „Burnout ist ein Syndrom der emotionalen Erschöpfung, der Depersonalisation und der reduzierten persönlichen Leistung, das bei Individuen auftreten kann, die auf irgendeine Art mit Leuten arbeiten oder von Leuten beeinflusst werden."

Burnout entsteht nicht in Tagen oder Wochen. Burnout entwickelt sich über Monate bis hin zu mehreren Jahren, stufenweise und fortlaufend mit physischen, emotionalen und mentalen Erschöpfungen. Dabei kann es immer wieder zu zwischenzeitlicher Besserung und Erholung kommen. Der fließende Übergang von der normalen Erschöpfung über den Stress zu den ersten Stadien des Burnouts wird oft nicht erkannt, sondern als „normale" Entwicklung akzeptiert. Reagiert der Betroffene in diesem Zustand nicht auf die Signale, die sein Körper ihm permanent mitteilt, und ändert der Klient seine inneren oder äußeren Einfluss- und Stressfaktoren nicht, besteht die Gefahr einer sehr ernsten Erkrankung. Diese Signale können dauerhafte Niedergeschlagenheit, Ermüdung, Lustlosigkeit, aber auch Verspannungen und Kopfschmerzen sein. Es kommt zu einer kreisförmigen, gegenseitigen Verstärkung der einzelnen Komponenten. Unterschiedliche Forschergruppen haben auf der Grundlage von Beobachtungen den Verlauf in typische Stufen unterteilt.

Wollen Sie sich das alles antun?

Leider ist Burnout in den meisten Firmen immer noch ein Tabuthema – die Dunkelziffer ist groß. Betroffene Arbeitnehmer und Führungskräfte schieben oft andere Begründungen für ihren Ausfall vor – aus Angst vor negativen Folgen, wie zum Beispiel dem Verlust des Arbeitsplatzes. Es muss ein Umdenken stattfinden!

Wen kann es treffen? Theoretisch sind alle Menschen gefährdet, die nicht auf die Signale des Körpers achten. Vorwiegend trifft es einsatzbereite und engagierte Mitarbeiter, Führungskräfte Selbstständige und Fernstudierende. Oft werden diese auch von Vorgesetzten geschätzt, von Kollegen bewundert, vielleicht auch beneidet und in der Folge ausgegrenzt. Solche Menschen sagen auch nie „Nein" und bitten selten um Unterstützung. Deshalb wachsen die Aufgaben, und es stapeln sich die Arbeiten. Dazu kommt oft, dass sich Partner, Freunde und Kinder über zu wenig Zeit und Aufmerksamkeit beklagen.

Aus eigener Erfahrung kann ich sagen, dass der Weg zum Burnout anfänglich mit kleinsten Hinweisen gepflastert ist, kaum merkbar, unauffällig, vernachlässigbar. Es bedarf einer hohen Achtsamkeit, um diese Signale des Körpers und der realisierenden Umwelt zu erkennen. Kleinigkeiten werden vergessen, und vereinbarte Termine werden immer weniger eingehalten. Hobbys und Sport werden – wie bei mir geschehen – erheblich vernachlässigt. Auch mein Körper meldete sich Ende der Neunzigerjahre mit leisen Botschaften: Schweißausbrüche, Herzrhythmusstörungen, schwerfällige Atmung und unruhiger Schlaf waren die Symptome, die anfänglich nicht von mir beachtet wurden.

Abschlusswort

Eigentlich ist Burnout- oder Stressprävention für Fernstudierende ganz einfach. Tipps gibt es überall und Zeit dazu auch. Sie, ja Sie, Sie müssen es einfach nur anpacken. Viel Spaß und Unterhaltung bei den folgenden Kapiteln von Stefanie Lehmann.

Literatur

Buchenau P (2014) Der Anti-Stress-Trainer. Springer Fachmedien, Wiesbaden

DAK Gesundheit (2019) DAK-Psychoreport 2019: dreimal mehr Fehltage als 1997. https://www.dak.de/dak/bundesthemen/dak-psychoreport-2019-dreimal-mehr-fehltage-als-1997-2125486.html. Zugegriffen am 06.11.2019

Faller M (2014) „Deutschland, Deine Manager" – Wie Deutschlands Führungskräfte denken: Studie, Kurzfassung Oktober 2014, 7

WHO ICD-11 – 11 (o. J.) Revision der ICD der WHO. https://www.dimdi.de/dynamic/de/klassifikationen/icd/icd-11/. Zugegriffen am 06.11.2019

Wirtschaftswoche (2016) Psychische Erkrankungen kosten 8,3 Milliarden Euro pro Jahr. https://www.wiwo.de/erfolg/beruf/teure-arbeitsausfaelle-psychische-erkrankungen-kosten-8-3-milliarden-euro-pro-jahr/13671902.html. Zugegriffen am 06.11.2019

2

Weitblick vom Leuchtturm – das Leben der Fernstudierenden

Das Leben der Fernstudierenden

Fernstudierende haben besondere Ansprüche an sich selbst und ihr soziales Umfeld, um den Herausforderungen im Alltag gewachsen zu sein. Je nach persönlicher Lebenssituation kann ein Fernstudium nicht nur zur fachlichen, sondern auch zur organisatorischen oder gesundheitlichen Herausforderung werden. Lernen Sie, Ihr Studium als Teil des Alltags wahrzunehmen, und erkennen Sie Wechselwirkungen, um den Tag zu organisieren und zu optimieren. Ein Leuchtturm bietet Weitblick. Man wird auf Gefahren aufmerksam und sieht aus der Ferne das Land in Sicht. Notieren Sie während des Lesens bitte **alles** in ein Bullet Journal, was Sie bewegt, Ihren Blick abschweifen lässt bzw. Möglichkeiten eröffnet. Mit vorausschauendem Blick, Organisationstalent sowie einem hohen Maß an Eigenverantwortung und Selbstfürsorge meistern Sie Ihr Fernstudium. Hinterfragen Sie sich selbst, die eigenen Gewohnheiten und Bedürfnisse sowie Lern- und Arbeitstechniken, und wecken Sie Veränderungskreativität©.

S. Lehmann, *Der Anti-Stress-Trainer für Fernstudierende*, Anti-Stress-Trainer, https://doi.org/10.1007/978-3-658-29566-0_2

2.1 Eine ungewöhnliche Reise zum Bachelorhut

Dieses Buch ist eine Landkarte für eine ungewöhnliche Reise zum Bachelorhut. Individuelle Planung hängt vom Bedürfnis nach Komfort bzw. Minimalismus sowie vom finanziellen und zeitlichen Budget ab. Zum Handgepäck gehört ein persönliches (goldenes) Logbuch. Ich ergänze Kommentare in Büchern, die ich lese. Was mir albern, absurd oder falsch erscheint, streiche ich durch bzw. schreibe den Autoren. Bisher war jeder über konstruktives Feedback dankbar. Gleiches wünsche ich mir von Ihnen. Schnappen Sie sich ein Bullet Journal im Format DIN A5, um Ihre Unterlagen in der Tasche mit sich zu führen. Zur Technik des Übertragens und Ergänzens von Unerledigtem gibt es ausführliche Tipps bei Ryder Carroll (2019). Stifte und Textmarker, nach Belieben bunte Klebezettel, Markierungsfähnchen und Karteikarten runden die Basisausstattung ab. Wichtig ist, sich mit den Materialien wohlzufühlen. In diesem Buch gibt es viele Fragen als Anhaltspunkte für eigene Gedanken, Ideen und Planungen. Verweise auf wundersame Lektüre (Strunz 2019) erweitern den Blickwinkel. Ein Übungsbuch als Ergänzung zu diesem Ratgeber ist in Vorbereitung.

> Ohne Ziel keine Beschränkung auf das Notwendige (Heike Thormann).

Mein Dank gilt Prof. Harald Rau für die Impulse zum Writing Code (Rau 2016). Den Arbeitsprozess umzudrehen und das Gesamtkunstwerk kontinuierlich zu ergänzen führt zu systematischem Wachstum an verschiedenen Stellen. Danke an Frau Prof. Andrea Hüttmann für die Idee, in großem Bogen zu studieren (Hüttmann 2016). Fünf Buchseiten haben meinen Paradigmenwechsel ausgelöst und den Anstoß für dieses Buch gegeben. Formalien zum wissenschaftlichen Arbeiten und Kreativität schließen sich für mein Verständnis nicht länger aus. Die Kombination bietet Zündstoff für neue Ideen und weckt Veränderungskreativität©. Als Praxisratgeber ist dieses Buch kein Ersatz für ein professionelles Coaching und/oder fundierte medizinische Behandlung.

2.2 Zeit- und Selbstmanagement

Dieser Abschn. 2.2 komprimiert das Wesentliche. Nein, bitte nicht schon wieder? Dann überspringen Sie den Abschnitt erst recht nicht. Ziel ist ein möglichst niedriger Stresslevel im Fernstudium.

2.2.1 Zeitmanagement

Lothar Seiwerts Ideen sind Ihnen ebenso bekannt wie Paretos 80:20-Regel, die Alpen-Methode, das Eisenhower-Prinzip, Quadrant-II-Ziele nach Covey (2014) und die Pomodoro-Technik nach Nöteberg (2011)? Ein Tag hat 24 Stunden. Zurücklegen auf ein Sparbuch funktioniert nicht. Lassen wir Zeit ungenutzt verstreichen? Oder leben wir täglich im Strom des Lebens? Die Bestandsaufnahme für eine typische Woche bringt Klarheit. Starten Sie am Montag um 5 Uhr als Lerche oder um 11 Uhr als Eule? Planen Sie Ihre Zeitfenster für Arbeit, Pendeln, Haushalt, Fernstudium, Hobby usw., um selbst gesteckte Ziele zu erreichen. Methoden des agilen Projektmanagements wie Scrum oder Kanban helfen, sich auf wenige WIPs (Works in process) zu konzentrieren (Maximini 2018). Wieke (2004) sieht Zeitmanagement als ein Eingriff in die eigene Persönlichkeit und greift massiv etablierte Alltagsgewohnheiten an. Durch bewusste Zeit- und Lebensplanung erschließen Sie Freiräume, über die andere nicht verfügen. Nach David D. Burns reichen fünf Minuten, um den Tag vorausblickend zu planen und am Abend mit dem, was Sie erledigt haben, abzugleichen (Burns 2011).

Was haben Sie geschafft? Welche Hindernisse werden Sie künftig vermeiden? SMARTe schriftlich formulierte Ziele (Drucker 1999) und kleine Schritte helfen, Prioritäten zu setzen. Schwere, aber erreichbare Herausforderungen fördern die Motivation, geben ein zufriedenes Gefühl und spornen zu höheren Leistungen an (Locke und Latham 2006). Investieren Sie Ihre Zeit wie Geld. Lukrativ oder bewusst für Entspannung und Muße. Hinter Aufschieberitis verbirgt sich möglicherweise ein ungeeignetes System der Selbstmotivierung (Burns 2011) bzw. nach Tuckman fehlende Kontrolle der Selbstregulation (Rustemeyer und Callies 2014; Tuckman 1991). Schouwenburg und Groenewoud sehen Aufschieben hingegen eher als unangemessenes Verhaltensproblem, statt motivationalen oder intentionalen Ursprungs (Rustemeyer und Callies 2014; Schouwenburg und Groenewoud 2001).

Keine oder nicht klar formulierte Ziele deuten darauf hin, die Handlungsnotwendigkeit nicht zu erkennen (Hacker und Sachse 2014, S. 422). Peter Drucker merkte an, dass „Effektivität keine Fähigkeit sei, sondern ein Set von Gewohnheiten". Man trainiert sie über eine „kontinuierliche Praxis" (Weisweiler et al. 2013). Niklas Luhmann entwickelte die Zettelkastenmethode. Er schrieb Ideen auf, korrigierte und ergänzte in kleinen Schritten. Die Sammlung wächst zu bemerkenswerten Aufzeichnungen, die die Uni Bielefeld digitalisiert (Fakultät für Soziologie der Universität Bielefeld 2019).

Wer zugibt, viel Zeit zu haben, disqualifiziert sich selbst (Niklas Luhmann).

Hunger nach Struktur, so Bärbel Wardetzki, deutet auf das Bedürfnis nach Anerkennung hin bzw. ist die Folge davon (Wardetzki 2015). Beschleunigung ist nach Wieke oft die Ursache für unsere Zeitnot. Angelehnt an die 5-Stapel-Methode (Wieke 2004) nehmen Sie alles nur einmal in die Hand und entscheiden sofort: wegwerfen, in Ablagebox bzw. auf Termin legen und/oder Rücksprache einleiten. Schaffen Sie sich Zeitfenster für Lesen, Recherche und Brainstorming.

Fass kein Papier zweimal an (Beate Uhse).

Gewohnheiten, Routinen und die Pomodoro-Technik (Nöteberg 2011) helfen, sich zu fokussieren. Kommunizieren Sie ggf. asynchron. Berücksichtigen Sie Ihre persönliche Leistungskurve bzw. den Biorhythmus. Richard Koch plädiert mit dem 80:20-Prinzip für einen unkonventionellen und exzentrischen Umgang mit der Zeit: Ineffizienz reduzieren sowie Aufwand und Ertrag getrennt betrachten. Wer Freude am Tun hat, sich Fremdbestimmung entzieht und seine persönliche Nische findet, kommt zu einem dynamischen Gleichgewicht zwischen Verbrauch und Rückgewinnung seiner Energie (Loehr und Schwartz 2003). Rituale helfen, effizient zu sein. Ein niedriger Energielevel führt zu Ungeduld, negativem Denken, fehlender Konzentration bzw. Anspannung. Beziehungen haben oft keine Tiefe und sind geprägt von mangelnder Leidenschaft. Die Kunst besteht darin, sich zu bremsen. Lassen Sie sich Zeit für Unterbrechungen. Leistungssportler wechseln zwischen Pausen und produktiven Zeiten bewusst ab. Wer nur auf Leistung getrimmt ist, bringt sich auf Dauer in tiefrote Zahlen. Die Herausforderung ist groß, weil in unserer Gesellschaft der Fokus auf der Erbringung von Leistung liegt. Manche hegen gar Schuldgefühle, wenn sie nichts leisten, und tragen damit weiter zum persönlichen Raubbau bei. Schwartz und Loehr (2003, S. 9) bezeichnen Energie als die wertvollste Ressource, nicht die Zeit.

Zeitmanagement dient dem effektiven Energiemanagement (Schwartz und Loehr 2003, S. 49).

Leistung, Gesundheit und Glück beruhen auf geschicktem Einsatz von Energie (Schwartz und Loehr 2003, S. 11).

Der Verstand benötigt sehr viel Energie (Denner 2004, S. 67).

> Wenn wir uns unserer Freiheit und Fähigkeit zu wählen bewusst werden, bestätigt uns das; wir bekommen das Gefühl, viel mehr Möglichkeiten und Potenziale zu haben (Covey 2016).

Wie hoch ist Ihr Selbstvertrauen? Vertrauen Sie anderen? Haben Sie schriftlich formulierte Ziele, ein Leitbild und eine Vision? Sind Sie mit Leidenschaft, Optimismus und Motivation zielgerichtet bei der Sache? Welche Möglichkeiten der Unterstützung nutzen Sie? Schreiben Sie Ihre Gedanken ins Logbuch. Den individuellen Reiseplan erstellen Sie in Kap. 3. Hüttmann (2016) schildert ein eindrucksvolles Beispiel stringenter Zeiteinteilung. Mit nur vier konzentrierten Stunden am Tag ist es machbar, sich den Weg zur Dissertation zu ebnen. Geheimnis für den Erfolg ist die zielgerichtete Konzentration auf sich selbst im Rahmen der persönlichen Möglichkeiten. Schauen Sie, WIE andere Menschen Dinge erledigen. Eignen Sie sich effektive und universelle Soft Skills an (Haenel 2018). Haben Sie das Gefühl, klassische Zeitpläne schränken Ihre Kreativität und Freiheit ein? Entdecken Sie Scrum (Maximini 2018). Mit Sprints des agilen Projektmanagements planen Sie Zeitfenster. Offene Themen arbeiten Sie motiviert ab. Kombinieren Sie die Vorzüge der klassischen Zeitplanung mit Flexibilität und kreativen Entfaltungsspielräumen. So macht Lernen Spaß. Es scheint die Schlussfolgerung aus der Scanner-Mentalität nach Barbara Sher (Abschn. 5.4) zu sein.

2.2.2 Selbstmanagement

Nach Ottmar L. Braun (2019) besteht das Modell des positiven Selbstmanagements aus den drei Bausteinen: Selbstmanagementkompetenzen, mentale Stärke und langfristige Folgen. Zu den Selbstmanagementkompetenzen zählt

Braun neben dem Zeitmanagement auch die Selbst-PR, Selbstdisziplin, Humor, Lerntechniken sowie (nicht nur) im beruflichen Kontext Serviceorientierung, Networking, Zielklarheit und Teamfähigkeit. Wissen Sie, was Sie wollen? Prüfen Sie regelmäßig, wo Sie stehen, und behalten Sie Ihre schriftlichen Ziele im Blick.

2.2.3 Mögliche Blockaden im Hinblick auf das eigene Zeit-/Selbstmanagement

Manchmal hat man das Gefühl, immer wieder von vorne anzufangen. Die Flut von Wissen und hoher organisatorischer Aufwand im Alltag belasten. Für Spitzensportler, Fernstudierende und Turbo-Studenten (Grünwald et al. 2013) hat die innere biologische Uhr höchste Priorität. Sie profitieren von zwangsläufig planmäßiger Zerstreuung durch Unterbrechungen. Körperliche und mentale Fitness wird durch das gelungene, auf seinen Biorhythmus abgestimmte Wechselspiel zwischen Sport, leidenschaftlichem Kochen, kreativen Hobbys usw. sichergestellt. Wenig Freizeit wird sinnvoll genutzt. Bei frühen Vögeln bietet sich eine halbe Stunde Lernzeit vor der Berufstätigkeit an. Wehren Sie Seeräuber ab. Wenn Sie Ihre innere Piratencrew genau kennen, agieren Sie pragmatischer und kommen tieferliegenden Ursachen auf den Grund (Abschn. 3.4). Neben Selbstführungs- und Kooperationskompetenzen (Haenel 2018) ist es eine Frage der Motivation. Wissen über persönliche Werte, Persönlichkeitsmerkmale und die eigene Kompetenz hilft, das Stresslevel gering zu halten. Jürgen vom Scheidt formuliert treffend, dass Selbsterfahrung eine Methode sei, die jeder „auf seine ureigenste, ganz persönliche Art anwenden muß (vom Scheidt 1977)“. Er bezeichnet das Ich als den Kapitän des Schiffes und verwendet ein Fangnetz, mit dem er Gedanken und Sinneseindrücke einsammelt, verarbeitet und zum Teil wieder über Bord wirft, als Metapher. Den konstruktivistischen Blickwinkel schärft man mit Reframing, einem pragmatischen Lösungsansatz aus dem NLP. Der Ursprung liegt in der kognitiven Psychologie um Aron T. Beck. Wir entscheiden, ob etwas für uns eine Bedrohung oder Herausforderung ist. Stress entsteht in unseren Köpfen. Lesen Sie bei Kaluza (2018), wie Persönlichkeitseigenschaften zum Hindernis werden.

Wer zu viel denkt, mit sich und den Gegebenheiten hadert, ist eventuell hochbegabt (Abschn. 5.3). Gedanken daran, dass alles immer so lange dauert oder ständig etwas schief läuft usw., deuten auf eine umfangreiche Vorstellungskraft hin. Finden Sie Möglichkeiten, zu kanalisieren. Wenn wir nur an unsere Fehler, Schwächen und Defizite denken, geraten wir in eine negative oder sogar depressive Stimmung.

2.3 Bewegung, Sitzen und Pendeln

Laufen hilft, Gedanken zu ordnen und den Kopf frei zu bekommen. Bewegungstherapie gehört zu anerkannten Methoden z. B. bei Depression. Bewegungsmangel ist ein Hauptproblem, wenn nach Schätzungen der WHO im Jahr 2020 70 % aller Krankheiten in Verbindung mit unserem Lebensstil stehen (Mathias 2012). Sitzen wird als das neue Rauchen bezeichnet (Starrett 2016). Verspannungen und Wirbelsäulenbeschwerden treten häufig bei Menschen auf, die am Schreibtisch arbeiten und sich zu wenig bewegen. Lernen Sie mal mit Karteikarten bei einem Spaziergang. Eine Mnemotechnik ist die Loci-Technik (Löhle 2016). Beim (geistigen) Spazierengehen verknüpft man räumliche Gegebenheiten bzw. Wegstrecken mit Lernaufgaben. Für entspanntes Sitzen am Schreibtisch sorgt ein Coacher (Völker 2019). Wer täglich zur Arbeit pendelt, vermag ggf. für

Teilstrecken auf den ÖPNV oder das Fahrrad umzusteigen. In Zeiten von „Fridays for Future" könnten Sie Ihre Wohnsituation und Ihre Fahrgewohnheiten unter die Lupe nehmen.

2.4 Schlaf, Ernährung, Entspannung und Gesundheit

Schlaf, Entspannung und gesunde Ernährung fördern Wohlbefinden. Das folgende Beispiel ist ein niederschwelliger Einstieg und bietet einen Anhaltspunkt für ein Ablaufschema für viele Wissensgebiete im Fernstudium. Bereiten Sie den Stoff kreativ und „merk-würdig" (nach Vera F. Birkenbihl) auf. Verknüpfen Sie themenübergreifend. Otto Kruses Regeln des Lesens (Kruse 2010) sind eine Basis. Suchen Sie sich einen komfortablen Leseplatz, bleiben Sie in Bewegung, und verzichten Sie auf Fernsehen und zu viele digitale Medien.

> Gelesenes zu reflektieren heißt, Denkmöglichkeiten zu erproben und Räume für das Denken zu schaffen. Reflektieren wirkt mehr über Fragen als über Behauptungen, operiert mehr mit hypothetischen Annahmen als mit Wahrheitspostulaten und mehr mit tastenden, vorsichtigen, statt mit apodiktischen Urteilen (Kruse 2010).

Beispielfrage: Ist es denkbar, dass z. B. Tinnitus, Parodontose, Stress und Ernährung zusammenhängen?

Nach erster nichtwissenschaftlicher Internetrecherche scheinen Zusammenhänge erkennbar zwischen Ernährung, Mangel an Vitaminen, Mineralstoffen, Aminosäuren usw. und körperlichen Beschwerden wie Tinnitus, Hörsturz, Parodontose sowie Stress (von Konzentrationsschwäche bis hin zu Burnout/Depression). Nach diesem Einstieg orientieren Sie sich an der klassischen Makrostruktur des Schreibprozesses von Otto Kruse. Er umfasst die Stadien Planung, Daten/Material sammeln, überarbeiten und vertiefen sowie Text abschließen und abgeben (Kruse 2010). Möglich ist, kreative neue Wege zu gehen. Fragen wir weiter. Das WARUM hat viele Menschen schon als Kind fasziniert. Warum? Warum? Warum? – ein großartiges Spiel, Erwachsene auf die Palme zu bringen. Covey bezeichnet die Frage nach dem Was, Warum und Wie als existenzielle Fragen (Covey 2014). Könnte es sein, dass unsere Ernährungsweise die Basis für ein glückliches gesundes Leben darstellt? Liegt Stress bis hin zu Burnout/Depression ggf. das Fehlen des gemeinsamen Puzzleteils gute Ernährung bzw. gute Versorgung mit Mikronährstoffen zugrunde? Recherchieren Sie einmal anders und nehmen Sie z. B. die Bestsellerliste eines Onlinebuchhändlers zum Schlagwort Ernährung als Überblick darüber, was viele Menschen aktuell bewegt. Der Weg der Recherche führt zu Ernährungsratgebern, u. a. vom Fitnesspapst Ulrich Strunz, oder zu im Jahr 2019 populären Büchern über Ernährungsstile wie Paleo, vegan sowie „schlank im Schlaf" usw. Matthias Riedl (Riedl und Müller 2017) überträgt die 80:20-Regel von Pareto auf die Ernährung. Nehmen wir kontrovers diskutierte oder wundersame Lektüre (Strunz 2019) hinzu, fokussiert man den Blick auf ein Wissensgebiet unter einem anderen Blickwinkel. Widmet sich z. B. ein Wirtschaftsinformatiker (Krug 2019) mit seiner analytischen und pragmatischen Art dem Thema Ernährung, führt das zu einer neuen Sichtweise. Was hat dieser Abschnitt mit Schlaf, Nahrung, Entspannung und Gesundheit zu tun? Wer den Blick auf Trends der Zeit richtet und sie um fundiertes Wissen aus Studien und wissenschaftlichen Erkenntnissen ergänzt, schärft die Wahrnehmung. Auf diese Weise lesen Sie Quellen kritischer. Hinterfragen Sie gezielt mit großer Sorgfalt. Dann finden Sie Antworten auf Ihre Fragen. Eine Recherche, die mit populärwissenschaftlicher Literatur ihren Anfang nimmt und um wundersame Lektüre ergänzt wird, schärft den Blickwinkel. Erst im zweiten Schritt folgen Sie dann den Ihnen bekannten klassischen Regeln wissenschaftlichen Arbeitens.

Ziehen Sie im Logbuch Bilanz: Wie sieht für mich gesunde Ernährung aus? Wie lässt sich das umsetzen? Welches Budget steht zur Verfügung?

Erfolg leitet sich von „folgen" ab. Welchen Plan haben Sie? Was bedeutet Ihnen gesunde Ernährung? Haenel gibt zu bedenken, dass Depressive Nahrung oft als notwendiges Übel ansehen oder verweigern (Haenel 2018). Stressgeplagte Menschen vergessen zu essen oder stopfen sich vielleicht mit Fastfood oder Süßigkeiten voll. Dies birgt ein höheres Depressionsrisiko (Haenel 2018). Gesunde Ernährungsweise bei Stress wird kontrovers diskutiert. Eine Verbindung von Ernährung und erholsamem Schlaf lässt sich über das Thema Aminosäuren herstellen.

Felicitas Reglin bezeichnet sie als Bausteine aller Struktur-, Enzym-, Immun- und anderen Proteine (Reglin 2016). Eine optimale Nahrungszufuhr hat einen großen Einfluss auf die Gesundheit bzw. die körperliche und geistige Leistungsfähigkeit. Tryptophan ist eine (von 9) essenziellen Aminosäuren. Es dient als Vorstufe für die sogenannten Glückshormone Serotonin und Melatonin. Serotoninmangel trägt u. a. zu Schlafstörungen, Depressionen sowie Schmerzprozessen wie z. B. Migräne bei. Ursachen für Defizite einzelner Aminosäuren sind u. a. vegetarische/vegane Ernährung, Mangel an Mikronährstoffen (Vitamine, Mineralstoffe und Spurenelemente) sowie oxidativer Stress, Umweltschadstoffe, Genussgifte (wie z. B. Alkohol und Zigaretten) und Medikamente. Weiter schreibt Reglin über den Minimalbedarf an Proteinen und die höchste biologische Wertigkeit von Vollei mit Kartoffel. Kohlenhydrate haben eine Eiweiß-Spar-Wirkung, stehen aber in der Kritik (Davis und Brodersen 2013; Krug 2019). Die Hinweise regen an, sich mit der eigenen Ernährungsweise auseinanderzusetzen.

Ein neuerer Trend ist Meal Prep. Keda Black (2019) nennt drei Gründe dafür: weniger Stress, gesünderes und hausgemachtes Essen sowie Reduzierung von Abfall. Leckere selbst gemachte Gerichte sind oft kostengünstiger, als essen zu gehen. Idee ist ein Speiseplan für eine Arbeitswoche. Eingekauft wird z. B. am Samstag. Am Sonntag wird mit ein bis zwei Stunden Vorbereitung für die Woche vorgekocht. Notwendig sind sinnvolle Behältnisse wie Gefrierdosen, eine Grundausstattung in Küche und Vorrat sowie ein vernünftiger Plan. Saisonale Produkte, insbesondere

Gemüse, sind in hochwertiger Qualität preiswert zu bekommen. Tipps von Oma zum Einfrieren, Konservieren und Haltbarmachen helfen, den Wochenplan umzusetzen. Planung ist alles, stellt nicht nur Pichl (2017) bezogen auf Meal Prep fest, sondern ist eine solide Basis in unterschiedlichen Lebensbereichen, um Stress entgegenzutreten: Rezepte (bzw. Quellen) aussuchen, (Speise-)Plan gestalten, Recherche und Beschaffung (Einkaufsplanung und Einkauf) sowie das gemeinsame Kochen (bzw. Lernen) zur Routine entwickeln.

Überdenken Sie Ihre Tagesplanung. Etablieren Sie Auftauen bzw. Mitnahme nach Plan. Austausch mit anderen hilft, neue Ideen zu finden. Lesenswert sind Haenel (2018), Reglin (2016), Rau (2016), Krug (2019), Pichl (2017) und Black (2019).

Thema Entspannung

Sind Sie adrenalinsüchtig? Suchen Sie selbst im Urlaub den gewissen Kick, statt sich Ruhe und Muße zu gönnen? Zu erholsamem Schlaf hilft eventuell eine andere Ernährungsweise. Ein passendes Kissen, eine optimale Matratze und ggf. ein verdunkelter, kühler Raum o. Ä. lindern Rückenschmerzen und tragen zu einem besseren Schlaf bei. Scheuen Sie sich nicht, bei Bedarf medizinische Hilfe zu suchen. Ausführliche Tipps zur Entspannung gibt es u. a. bei Scherenberg und Buchwald (2016).

2.5 Haushaltsführung und private Büroorganisation

Statt eine Hausaufgabe zu schreiben, wird Hausarbeit „gemacht“? Eine Putzfee nebst kontinuierlichem Entrümpeln hilft gegen Prokrastination. Wenn Sie z. B. einmal pro Woche zum Aufräumen gezwungen sind, ordnen Sie Ihre Dinge. Falls Sie das Gefühl haben, regelmäßig für eine gewisse Grundordnung zu kämpfen, suchen Sie Ihre persönliche Fata Morgana (Kap. 5). Wäre es nicht erstrebenswert, sich den wesentlichen Dingen zu widmen, statt zu Hause aufzuräumen? Putzen hat als Achtsamkeitsübung eine meditative Wirkung. Es stellt möglicherweise einen „notwendigen", immer wieder vorgeschobenen Grund dar, sich den essenziell wichtigen Dingen nicht stellen zu müssen. Bauen Sie Vorräte ab. Informieren Sie sich über Minimalismus. Gegen den Strom zu schwimmen, bewusst Ja bzw. Nein zu sagen, sind Alternativen. Wie selbstbewusst bzw. brav oder gehorsam sind Sie? Wenn Sie erkennen, dass Sie nur „zu viel" auf „zu wenig" Raum haben, hilft eventuell folgende Strategie. Nach dem Ideal einiger Aufräumexperten nehme man sich ein Wochenende Zeit, um z. B. das Schlafzimmer oder gar die ganze Wohnung mit Keller, Garage usw. zu entrümpeln. Materielles Leben ausmisten? Ist Ihre Büchersammlung „heilig" oder mit tiefen Emotionen verbunden, fangen Sie doch mit Ihrem Kleiderschrank an. Was fällt Ihnen leichter?

Was ist zu groß, zu klein, zu eng, zu weit, verfärbt, verschlissen, nie getragen, aus der Mode gekommen bzw. nicht mehr brauchbar? Schreiben Sie es auf. Warum ein Beispiel für den Kleiderschrank in einem Buch über Stressmanagement im Fernstudium? Nicht selten agieren Sie mit Ihren Studienmaterialien ähnlich. Sammeln, horten, zu große Mengen haben oder minimalistisch unterwegs sein? Schaffen Sie es, Prioritäten zu setzen? Fertigen Sie jetzt eine Bestandsaufnahme Ihrer Studienmaterialien bzw. Ihrer Literatur an. Was sagt die Büchersammlung über Sie aus? Heben Sie Dinge auf, weil etwas teuer war, repräsentativ aussieht oder weil man Bücher nicht weggibt? Überlegen Sie möglichst objektiv, warum Sie ggf. festhalten und was Sie sich nicht neu kaufen würden, wenn Ihre Sammlung gestern verbrannt wäre.

Wie bewältigen Sie Ihr Papierchaos im häuslichen Arbeitszimmer? Abarbeiten. Schmallesen oder gleich wegwerfen. Schreibend reduzieren und durch Literaturessenzen komprimieren. Lösen Sie Ihre Probleme, solange sie klein sind. Altlasten mühevoll wieder abzutragen, raubt Zeit und Energie. Schaffen Sie Ordnung. Bauen Sie Rückstände ab. Lassen Sie sich von der Idee des Minimalismus inspirieren. Nehmen Sie jedes Buch in die Hand: Lesen oder weg? Bei der Bewältigung gestapelter Studienhefte, ungelesener Fachzeitschriften bzw. Fachliteratur aus der (Uni-)Bibliothek helfen etablierte Gewohnheiten. Eine Liste ausgeliehener Medien bewahrt die Übersicht. Man trägt alle Bücher zusammen und ordnet sie den einzelnen Studienheften bzw. Hausarbeiten zu. Falls dies schwerfällt, mangelt es möglicherweise an einem strukturierten Ablagesystem. Oder sind Sie ein Genie und beherrschen das Chaos? Ein Literaturverwaltungsprogramm wie z. B. Citavi unterstützt. Wie haben Sie Ihre Studienhefte abgelegt und ergänzende Materialien dazu sortiert? Worin besteht die Herausforderung? Einige Studierende haben das Gefühl, den Überblick zu verlieren. Studienhefte nach und nach abzuarbeiten ist ggf. nicht so leicht, wie zunächst gedacht. Manchmal ist es nötig, in Unterlagen früherer Module nochmal nachzulesen. Hat man das Gefühl, im Heft steht nicht „alles", was man zum Verständnis benötigt? Jeder lernt individuell. Daher ist es fast selbsterklärend, dass einige Studierende zu Jägern und Sammlern werden. Wissensdurstige recherchieren (mehr oder weniger) zielgerichtet weiter und verlieren dabei evtl. den roten Faden. Sind wir zu kreativ, und haben wir zu viele Ideen und Möglichkeiten? Dann hilft folgende Strategie: Wir nehmen ein beliebiges Studienheft, mit dem wir anfangen. Treffen Sie die Auswahl entweder bewusst so, dass es ein nicht so faszinierendes Thema für Sie ist oder etwas, womit Sie sich bisher gar nicht auskennen. Beim ersten Querlesen identifizieren wir markante Schlagworte, die den inhaltlichen Schwerpunkt abbilden. Bei unbekannten Sachverhalten fällt dies vielleicht leichter als bei einem Lieblingsthema. Man bleibt oft näher am Kern. Mit umfangreichem Vorwissen und brennendem Interesse besteht die Gefahr, sich in Details oder angrenzende Themengebiete zu verlieren. Ein Bachelorstudium ist grundlegendes Basisstudium und keine Spielwiese für tiefgreifende wissenschaftliche Erkenntnisse! Praxisorientierte Details sind aufregender und kreativer, entsprechen aber oft nicht der Aufgabenstellung. Ein Mindmap hängen wir als Ziellandkarte auf. Wer tief im Thema steckt, hat das Recht, die Collage gerne schon weiterzudenken. Markieren Sie das Territorium außerhalb des Epizentrums. Konzentrieren Sie sich zunächst darauf, was im Hier und Jetzt für den Bachelor wichtig ist. Wie lernt man im Fernstudium? Inspiriert durch Steiner (2008) erarbeite ich einen effizienten Umgang mit den Studienheften. Seine Idee ist es, Vorwissen zu aktivieren, ein Lernziel zu formulieren, den Text zusammenzufassen, Fachwörter zu definieren und ggf. eine Grafik zu erstellen. Eine detaillierte, prozedural auf ein Studienmodul angewandte Checkliste und Beispiele finden Sie im Übungsbuch. Wenn Steiner (2008) über metakognitive Prozesse schreibt, meint er damit, dass Lernen viel mit sich selbst zu tun hat. Wenn Sie wissen, wie Sie ticken, was Sie sich zutrauen, wo persönliche Stärken und Schwächen liegen, wie Aufgaben gestaltet sind und z. B. in Klausuren gestellt werden, was Ihnen leicht- bzw. schwerfällt und wie man elaboriert und reduziert, dann ist die Bewältigung der Studieninhalte mühelos. Aufschreiben, was man nicht weiß, Probleme genau benennen bzw. beschreiben und bei allem den Überblick behalten, ist die „halbe Miete". Verstehen ist die Grundlage dafür, sich etwas zu merken (Steiner 2008). Mehr zu Lernstrategien finden Sie bei Mandl und Friedrich (2006). Regeln zum Reduzieren beschreiben z. B. van Djik und Sauer (1980). Werden Sie zum Kapitän Ihres Schiffs. Übernehmen Sie die Verantwortung für Ihre inneren Stimmen, Gedanken, Gefühle und Impulse und das, was Sie tun. Nutzen Sie Alleinsein als Chance. Kommunizieren Sie mit anderen und tauschen Sie sich aus.

2.6 Familie, Freunde im Blick behalten und Alleinsein

Scherenberg und Buchwald sehen soziale Isolation als Herausforderung im Fernstudium (Scherenberg und Buchwald 2016). Haben Sie sich schon mal in eine Bibliothek, die Natur oder den Pkw auf einem abgelegenen Parkplatz in der Mittagspause zurückgezogen, um an der Lösung einer Fallaufgabe zu arbeiten? Diese Zeit des Alleinseins gehört dazu. Trotzdem sind viele Fernstudierende vermutlich sozial integrierter als junge Studierende an einer Präsenzuniversität. Turbo-Studenten (Grünwald et al. 2013) sehen des Pudels Kern in exzellenter Gruppenarbeit. Wenn räumliche Nähe fehlt und evtl. unterschiedliche Zeitfenster für Beruf, Fernstudium, Freizeit usw. genutzt werden, ist klassische Gruppenarbeit schwer zu realisieren. Berechtigte Einwände bringen die Millennials (Abschn. 4.3) und Digital Natives (Abschn. 4.4). Über soziale Medien sind Fernstudierende gezielt vernetzt und niemals allein. Medienkompetenz gilt als eine der Grundvoraussetzungen für den modernen Arbeitsmarkt. Es ist eine Kunst, schwierige Sachverhalte mit einfachen Worten zu formulieren. Diese analoge Ausdrucksform erlebt im Zeitalter der Digitalisierung laut Heike Haas (2018) eine Renaissance. Begeistern Sie mit ausdrucksstarken Zeichnungen Ihre Zuhörer und überzeugen Sie visuell mit aussagekräftigen Flipcharts. Viele Kontakte fördern eine breite Basis von Meinungen und Lebensphilosophien. Das ist ein deutliches Plus gegenüber Präsenzstudierenden, die ein relativ ähnlich zeitlich strukturiertes Leben führen. Ein Fernstudium bietet die Chance, sich ein neues persönliches Umfeld aufzubauen. Netzwerken Sie, aber vernachlässigen Sie nicht die Menschen, die Ihnen wichtig sind. Nehmen Sie es als Warnsignal für einen Burnout, falls Sie sich von Freunden und Familienangehörigen distanzieren. Es gibt viele Möglichkeiten, Mitmenschen am Fernstudium teilhaben zu lassen und um Unterstützung zu bitten. Konstruktive oder gar kritische Feedbackgeber helfen ebenso, wie gemeinsam mit anderen kreativ zu werden, zu lachen und generationenübergreifend „konstant zu lernen und zu wachsen“ (Schäfer 2003).

2.7 Finanztipps

Die Zinsen am Kapitalmarkt sind zurzeit sehr niedrig. Benjamin Franklins Ziel ist es, die beste Renditemöglichkeit zu finden. Ein Fernstudium ist eine Investition in Bildung. Studieren Sie berufsbegleitend, haben Sie höhere Werbungskosten. Das lohnt sich doppelt. Lassen Sie sich einen Freibetrag auf der Lohnsteuerkarte eintragen. Der Vorteil ist mehr Nettogehalt und im Bedarfsfall mehr Arbeitslosen- bzw. Krankengeld. Fragen Sie einen Steuerberater. Hohe Studiengebühren, ggf. reduzierte Arbeitszeit und damit verbunden ein geringeres Einkommen hindern am Sparen. Welchen Stellenwert hat Geld in Ihrem Leben? Wie definieren Sie Ihr persönliches Minimum? Schaffen Sie sich einen Gesamtüberblick über Ihre Finanzen, Sachwerte, Versicherungen, Aktien usw. Eine Ausgabenübersicht und ein Haushaltsbuch helfen, den Überblick zu behalten. Prüfen Sie, was Ihnen wichtig ist. Die Berufsunfähigkeitsabsicherung und Privathaftpflichtversicherung sind nötiger als eine Hausratversicherung. Wer sinnvoll vorsorgt, spart sich unnötigen Stress. Viele Hochschulen bieten eine Halbierung der Raten an. Nutzen Sie diese Möglichkeit. Generieren Sie aus Ihren Talenten und Fähigkeiten zügig Geld. Oder bringen Sie das Studium zeitnah zum Abschluss, um dann „richtig" durchzustarten. Welchen Stellenwert hat für Sie Zeit bzw. der schnelle Zugang zu hochwertiger Fachliteratur? Kaufen Sie Fachbücher oder nutzen Sie Leihbibliotheken bzw. E-Books, die Ihnen von Ihrer Hochschule zur Verfügung gestellt werden? Studentenrabatte helfen zu sparen.

2.8 Beruf(ung) und Selbstpräsentation

Wo stehen Sie? Wohin streben Sie? Nehmen Sie Ihr Logbuch und beantworten Sie diese Fragen. Die „Generation Praktikum" hat manchmal erst nach längerer Durststrecke zum Traumjob gefunden. Möglich ist, sich ehrenamtlich oder neben einem Job zum Geldverdienen freiberuflich zu engagieren. Es herrscht 2019 nicht nur Fachkräftemangel, sondern z. B. durch Digitalisierung ggf. ein Überangebot an Bewerbern für leichte kaufmännische Tätigkeiten. Als angehender Akademiker bieten Sie Potenzial für Personalberater. Sich in sozialen Netzwerken bzw. einem Karrierenetzwerk wie z. B. XING zu präsentieren, ist eine Idee, aktiv zu werden. Aussagekräftige, ausführliche Bewerbungsunterlagen bzw. eine knackige Kurzbewerbung sind notwendig, um in Kontakt mit potenziellen Arbeitgebern zu kommen, nachdem Sie persönlich, z. B. bei Veranstaltungen oder über Empfehlungen, telefonisch oder über soziale Netzwerke einen Erstkontakt aufgenommen haben. Führen Sie evtl. eine umfangreiche Branchen- bzw. Umfeldanalyse der

Region durch, in der Sie sich initiativ bewerben. Erste Adresse für Berufsinformationen ist das BIZ der Bundesagentur für Arbeit. Ein Besuch beim Hochschulteam bringt frische Ideen. Mit Berufseignungstests bringen Sie berufliche Wünsche in Erfahrung. Zeitarbeitsunternehmen hatten lange Zeit einen desaströsen Ruf. Aber die Branche wandelt sich, insbesondere in Gesundheitswesen und IT. Fachkräfte aus der Pflege und Ärzte sind dort ggf. besser aufgehoben als bei einigen regulären Arbeitgebern. Medizinisches Personal ist bei spezialisierten Dienstleistern gefragt. Bei allem Engagement achten Sie bitte darauf, dass der ideale Mitarbeiter, der keine Überstunden scheut, sich seiner Berufung hingibt, immer für das Team zur Verfügung steht und sich unentbehrlich macht, schnell in die Burnoutfalle tappt (Haenel 2018). Schwiebert (2015) schreibt in diesem Kontext über Selbstausbeutung. Fernstudierende sind zielstrebig, engagiert und motiviert. Welche Ansprüche und Erwartungen haben Sie an einen Job? Kommen Ihnen folgende Aussagen – in Anlehnung an Schwiebert (2015) – vertraut vor? Sie möchten Neues lernen und erfahren, sich selbst einbringen und kreativ sein, Ihre Werte und Ideale leben, schnell Erfolge erzielen? Neigen Sie manchmal zu radikalen Schritten, weil Ihnen Freiheit und Selbstbestimmtheit wichtig sind? Falls ja, dann prüfen Sie bitte folgende Aussagen – in Anlehnung an Schwiebert (2015). Haben Sie manchmal das Gefühl, dass kein Job zu Ihnen passt, Sie sich nicht geeignet fühlen, um eine Herausforderung zu meistern? Erscheinen Träume unrealistisch? Fallen Entscheidungen schwer, weil das Leben so vielfältig ist? Und haben Sie trotzdem das Gefühl, Sie halten etwas nicht aus, was andere locker wegstecken? Verschwinden die vorherigen Absätze nicht aus dem Kopf? Hochbegabung liefert eine Erklärung für das Gefühl, „anders" zu sein.

David E. Rye (2001) beschreibt sieben Schlüsselqualifikationen: Organisation, Verkauf, Motivation, Kommunikation, Netzwerk, Teamarbeit und Management (Problemlösungsfähigkeit) zur Selbstvermarktung. Werden Sie sich Ihrer Stärken bewusst, schöpfen Sie Ihr Potenzial voll aus, und organisieren Sie sich selbst. Überlegen Sie sich, was Sie dem Unternehmen zu bieten haben. Lernen Sie, sich gut zu verkaufen, zu verhandeln und optimal zu präsentieren. Finden Sie Ihre inneren Widerstände. Stellen Sie die richtigen Fragen. Exzellente Gesprächsführung und Einwandbehandlung überzeugen. Ihr persönliches Outfit repräsentiert Sie nach außen. Haben Sie Ihren Kleiderschrank im Griff, um sich angemessen zu kleiden? Unterstreichen Sie gezielt Ihre Außenwirkung. Wählen Sie bewusst, was Sie tragen. Trennen Sie sich von unnötigem Ballast. Die eigene Außendarstellung ist, in Ergänzung zu David E. Rye (2001), die 8. Schlüsselqualifikation für Ihre Karriere.

2.9 Individuelle Bedürfnisse – Wünsche – Probleme

Studierende, die kontinuierlich dranbleiben, aber aus privaten, familiären oder beruflichen Gründen das Studium nicht mit oberster Priorität durchziehen, bezeichne ich als Schnecken. Langsam, aber stetig unterwegs unterscheiden sie sich von den Aufschiebern, die quasi alle Zeit der Welt haben/hätten, diese aber nicht fürs Studium nutzen. Fehlt das Ziel vor Augen? Sind Sie ein Perfektionist, der ALLES über ein Thema wissen will? Prüfen Sie, ob ein Beruf als Bibliothekar eher Ihrer Leidenschaft entspricht. Kommen Sie von der Recherche ins Tun. Eine wesentliche Fähigkeit ist, aus der Fülle von Informationen elementares akademisches Wissen herauszufiltern, was Sie im Rahmen des grundständigen Bachelorstudiums benötigen. Nach Koch et al. (2008) stellt das Pareto-Prinzip gängige Lehrmeinungen auf den Kopf. Der Leitgedanke nach Pareto besagt, dass 80 % des Ergebnisses mit nur 20 % Engagement möglich sind. Motto der Turbo-Studenten: Studiere so schnell, wie es der Anspruch auf Qualität zulässt (Grünwald et al. 2013). Das bedeutet, Zeit und Aufwand im Blick zu behalten und alle Möglichkeiten zu nutzen, durch sinnvolles Termin- und Aufgabenmanagement dem Schlendrian einen Riegel vorzuschieben. Richten Sie den Fokus auf das Berufsleben, um sich bildungsrelevante Inhalte fürs Studium sowie Fachwissen und Kompetenzen fürs Leben anzueignen (Grünwald et al. 2013). Mehr über Lerntechniken finden Sie in Abschn. 4.6 und im Übungsbuch.

2.10 Möglichkeiten, das Meer zu erkunden

Jedes Studium beinhaltet Module, deren Sinn man evtl. infrage stellt. Fernstudierende zweifeln dann, ob es der richtige Weg ist. Besinnen Sie sich auf die Big Idea nach Brian Tracy (2010), um trotz widriger Umstände im Fluss zu bleiben. Mit zunehmender Berufserfahrung wollen Sie sich ggf. *sowas* nicht mehr antun? Wenn sich Ihnen z. B. der Sinn von BWL oder Statistik vielleicht (noch) nicht erschließt, nehmen Sie es als Teil des Gesamtpaketes an. Arbeiten Sie stringent nach dem 20:80-Prinzip. Wenn Sie im großen Bogen studieren (Hüttmann 2016), statt sich nur auf einen schnellen Abschluss zu konzentrieren, fällt Ihnen diese Betrachtungsweise leichter. Berufserfahrene Fernstudierende, die tief intrinsisch motiviert studieren, legen den Fokus nicht (nur) auf das Zeugnis.

Auf Basis von Hüttmann (Hüttmann 2016) habe ich folgende Typen von Fernstudierenden definiert:

I. der „Weg-von-Studierende“,
II. der „schnelle Abschluss“,
III. der „Perfektionist (ähnlich Overperformer)“ und
IV. der „Besserwisser aus der Praxis“.

Der Fernstudientyp I, der „Weg-von-Studierende“, strebt aus der aktuellen beruflichen Situation heraus. Hier besteht die Gefahr, sich vehement unter Druck zu setzen. Gegebenenfalls handelt es sich um eine Kombination mit dem Fernstudientyp II.

Fernstudientyp II – der „schnelle Abschluss“ – ist oft verhältnismäßig jung und hat auf seinem schulischen und berufskundlichen Weg ggf. einige Zeit ungenutzt verstreichen lassen. Treiben finanzielle Gründe oder der Wunsch nach Anerkennung in unserer Leistungsgesellschaft zu einem zügigen Abschluss?

Fernstudientyp III – der „Perfektionist (ähnlich Overperformer)“ möchte es genau wissen. Ihm reichen die schlanken Studienhefte nicht. Er vertieft sich in Fachliteratur, lässt sich schnell ablenken und weicht gerne vom eigentlichen Thema ab. Bei ihm ist evtl. nicht angekommen, dass der Bachelor Grundlagen legt und nicht mit Forschung und Spezialwissen assoziiert wird. Wie bei Hüttmann über den Overperformer beschrieben, bleibt dieser Typ Studierender oft deutlich hinter seinen Erwartungen und teils ambitionierten selbst gesteckten Ziele zurück. Denken Sie ggf. an eine bisher unentdeckte Hochbegabung (Abschn. 5.3). Eine Kombination mit Fernstudientyp IV ist möglich.

Fernstudientyp IV – der „Besserwisser aus der Praxis“ meckert über die theoretische Last der Institution Hochschule. Er sieht den Bezug zum beruflichen Alltag, aus dem er mit teilweise umfangreicher Expertise kommt, oft nicht gegeben. Er stellt sein Studium bzw. die Inhalte häufig infrage. Bisweilen neigt er zu Kritik an Mitarbeitenden der Hochschule, die vielleicht nur wenig Bezug zu Tätigkeiten in den Unternehmen haben. Individuell ergeben sich – von innen heraus – unterschiedliche, Stress auslösende Zusammenhänge. Sie zeigen sich aufgrund der eigenen Persönlichkeit.

Scherenberg und Buchwald stellen Stress auslösende Faktoren im Fernstudium ausführlich dar. Sie benennen als Stressoren soziale Isolation, Präsenzseminare, neue Lernsituation, hohe Studiengebühren, unzureichender Zugriff auf Fachliteratur, geringe Akzeptanz bei potenziellen Arbeitgebern. Stressoren kommen häufig von „außen". Sie werden ggf. negativ interpretiert. Als Vorteile werden räumliche und zeitliche Unabhängigkeit, Selbstbestimmtheit, Autonomie und Flexibilität und ein Zugriff auf ein umfangreiches Netzwerk genannt (Scherenberg und Buchwald 2016). Der Interpretationsspielraum ist groß und lässt kontroverse Sichtweisen und Reframing zu. Denken Sie schon einmal darüber nach, wie Sie Ihre individuelle „Fernstudien-Reiseplanung" in Kap. 3 im Detail gestalten.

Wie intensiv beschäftigen Sie sich mit den Studieninhalten? Tauchen Sie tief ein in Ihren Studiengang? Die Modulübersicht bietet eine nützliche Hilfe. Was interessiert Sie? Was gehört „leider" dazu? Was sind Ihre Top-3-Module, mit denen Sie am liebsten Ihre Studienzeit verbringen? Was ist „nur" Wiederholung, weil es Ihnen nicht als Vorleistung aus Ihrer bisherigen beruflichen Tätigkeit angerechnet wurde? Welche Schwerpunkt- bzw. Vertiefungsfächer stehen zur Auswahl? Clustern Sie Ihren Studiengang im Detail für sich. Unterscheiden Sie Module, die für Sie nur Wiederholung sind, von denen, die neu sind und als lästige Pflicht dazugehören. Benennen Sie die 3 bis 5 Flow-Module, die Sie brennend interessieren, sowie den durchschnittlichen (für Sie emotionslosen) Standard. Konzentrieren Sie sich bei langweiligen Wiederholungen auf Neuigkeiten und Besonderheiten. An für Sie lästigen Modulen üben Sie das Reframing (Bandler und Grinder 2000).

Wecken Sie Ihren Forscherdrang auf jeden Fall bei den für Sie wichtigsten 3 bis 5 Studienblöcken. Kommen Sie hier in Flow. Was meine ich damit? Busson (2018) trägt Merkmale des Flows nach Csíkszentmihályi zusammen. Lassen Sie sich inspirieren. Ich persönlich fühle mich so richtig im Flow, wenn ich voll in meinem Tun aufgehe, hoch konzentriert abtauche in die Tiefen von Ideen und Wissensgebieten, wie ein Taucher zu einem Korallenriff, und dabei womöglich die Zeit vergesse.

Stellen Sie einen konkreten Praxisbezug her. Liegen hier evtl. zukünftige berufliche Interessenschwerpunkte? Bei Standard aufgaben konzentrieren Sie sich auf eine stringente Abarbeitung von Grundlagenwissen. „In der Kürze liegt die Würze." Lernen Sie, konkret auf den Punkt zu kommen. 20 % Aufwand führen zu 80 % Ertrag, wenn Sie die Schwerpunkte gezielt setzen. Sorgen Sie für Abwechslung. Passen Sie die Reihenfolge der Module an Ihre individuelle Auslastung an. In turbulenten Zeiten (z. B. in der Vorweihnachtszeit im Einzelhandel) arbeiten Sie die Themen aus der Rubrik Wiederholung bzw. Standard ab. Lieblingsmodule bearbeiten Sie am besten dann, wenn Sie beruflich bzw. privat nur gering beansprucht sind. 80:20? Oder etwas mehr? Treffen Sie eine bewusste Entscheidung. Wenn Sie Ihr Fernstudium während Ihres Urlaubs erledigen, vergessen Sie die Erholung nicht. Lästigen Pflichtmodulen widmen Sie sich idealerweise über einen längeren Zeitraum in jeder Woche in zwei bis drei winzigen Schritten. So beschäftigen Sie sich langsam, aber kontinuierlich mit der Materie und werden damit ohne Frust und Überforderung vertraut. Packen Sie das auf Ihre Arche Noah, was Sie brauchen. Nutzen Sie Präsenzseminare, um andere Branchen, Berufsfelder und Menschen kennenzulernen. In einigen Studiengängen gibt es ein Gruppenprojekt. Idealerweise finden Sie sich hierzu in einem Team von unterschiedlichen Typen zusammen.

Schauen Sie im Sinne eines Studium Generale mal über den Tellerrand. Wie bergen Sie Ihren Lernschatz? Selbstorganisiertes Lernen im Fernstudium ist von unterschiedlichen Puzzleteilen abhängig. In Anlehnung und Ergänzung zu Iris Komarek (2010) haben Sie optimale Voraussetzungen für sich geschaffen, wenn Sie für sich auf folgende Fragen schlüssige Antworten haben:

- Was weiß ich?
- Wo liegen meine Stärken?
- Kenne ich meine Schwächen?
- In welchem Bereich habe ich das größte Potenzial?
- Welche Ressourcen stehen mir zur Verfügung?
- Wie manage ich mich selbst?

- Welche Techniken und Methoden wende ich an?
- Wie funktioniert mein Gedächtnis?
- Wie kommt der Stoff in meinen Kopf?
- Welche Lernstrategie verfolge ich?
- Wie lange schaffe ich es, mich am Stück zu konzentrieren?
- Was hindert mich ggf. daran, bei der Sache zu sein?
- Wie gehe ich mit Prüfungssituationen bzw. Prüfungsstress um?
- Was erfüllt mich und gibt mir Flow?
- Welche Hilfe und Unterstützung bekomme ich?
- Wie organisiere ich mich? Was motiviert mich?

2.11 Die Tauchausrüstung für Schatzsucher

Mit der passenden Ausrüstung bergen wir Lernschätze. Die Basisausstattung besteht aus einem Notebook bzw. PC mit Internet, der Cloud-Version von Citavi, der Zugangsmöglichkeit zu einer Unibibliothek, Unterlagen auf Papier, kreativem Büromaterial und einem Papierkorb. Das Formular „Meine Fragen an das Buch“ ist Teil des Fernstudium-Gesamtprozesses und hilft, den Überblick zu behalten.

Das Formular zum Download finden Sie als Zusatzmaterial unter https://www.springer.com/de/book/9783658295653. Detaillierte Infos dazu finden Sie im Übungsbuch.

2.11.1 Fernstudium-Gesamtprozess

Der Gesamtprozess gliedert sich wie folgt:

I. Gegenwärtiger Zustand: Thema überblicken.
II. Offen für Zweifel sein.
III. Was kenne ich schon? Wo knüpfe ich wie an?

IV. Auf welche Fragen suche ich eine Antwort? (Schriftlich auf den Punkt bringen!)
V. Wie komme ich dahin? (Ideen und Recherche, um präzise Antworten zu finden.)
VI. Wissen felsenfest integrieren – heiliger Ort. Aufbereiten, verinnerlichen und Wissensnetz ergänzen bzw. neu schreiben.
VII. Erfolg zelebrieren.

Die sieben Schritte sind in Anlehnung an den Walking-Belief-Change-Prozess nach Robert Dilts und Robert McDonald (Mohl 2014) entstanden. Den Überblick über ein Thema bietet z. B. eine Mindmap. Äußern Sie Zweifel. Nähern Sie sich kritisch der Materie. Notieren Sie konkrete Fragen und knüpfen Sie an Bekanntes an, um das Wissensnetz systematisch zu erweitern. Legen Sie Ihre Quellen gezielt in Citavi ab, um sie nach längeren Unterbrechungen wiederzufinden. Das zusammengetragene Material strukturieren Sie und bereiten es für Ihre Prüfung bzw. Fallaufgabe in einem Arbeitsschritt auf. So kommen Sie zügig ans Ziel und feiern den Erfolg.

2.11.2 Die digitale Bibliothek

Eine optimal funktionierende Ablage ist nötig. Mit dem Literaturverwaltungsprogramm Citavi haben Sie die Möglichkeit, Zitate zu verwalten und Dokumente so abzulegen, dass sie alles wiederfinden, wenn Sie es entsprechend verschlagwortet und kategorisiert haben. Turbo-Studenten (Grünwald et al. 2013) teilen sich die Arbeit auf. Nutzen Sie ein Citavi-Projekt mit anderen Studierenden gemeinsam. Denken Sie jedoch – trotz Cloud-Version – an eine Datensicherung. Über eine Zugangsmöglichkeit Ihrer

Hochschule wie SpringerLink prüfen Sie, welche Quellen Sie für ein Modul benötigen. Legen Sie Ihre Rechercheergebnisse in einem gemeinsamen Projekt ab. Details zur Cloud-basierten Zusammenarbeit finden Sie im Übungsbuch.

2.11.3 Papierablage

Entrümpeln Sie Ihre Bücherregale. Wenn Sie nur zwei Buchseiten oder einzelne Sätze für eine Zitation benötigen, genügt oft ein Scan oder ein wörtliches Zitat in Citavi, um ausgewählte Sätze digital weiterzuverarbeiten. Werfen Sie Überflüssiges weg. Die Chance, dass etwas unwiederbringlich verloren geht, ist gering. Vorhandenes Material lässt sich zwischendurch lesen. Für Arbeitsschritte zu Hause am PC oder Recherchearbeiten in einer Bibliothek planen Sie Randzeiten, z. B. in den Abendstunden oder am Wochenende, ein. Unibibliotheken haben oft weitreichende Öffnungszeiten. Inspiriert Sie die Ruhe im Lesesaal, um ungestört zu arbeiten? Erstellen Sie mit Stift und Zettel Mindmaps oder Exzerpte, alternativ mit dem Notebook. Das Formular „Meine Fragen an das Buch" erleichtert den Fokus auf das Wesentliche. Eigene Bücher erlauben handschriftliche Ergänzungen, Markierungen oder Querverweise auf andere Quellen mit Textmarkern, farbigen Stiften, Haftnotizen bzw. Markierungsfähnchen. Für kleines Geld erwerben Sie ältere Auflagen, die in Teilen geeignet sind. Wenn einzelne Kapitel aufgrund veränderter Rahmenbedingungen, Gesetzesänderungen usw. nicht mehr aktuell sind, bereinigen Sie diese. Streichen Sie Absätze, korrigieren Sie oder reißen Sie Seiten heraus. Damit fördern Sie den aktiven Lernprozess. Ein wichtiges Hilfsmittel ist der Papierkorb. Lesen Sie systematisch „schmal" und bauen Sie sich so ein strukturiertes Wissensnetzwerk wie Niklas Luhmann auf. Wer kritisch liest, behält mehr.

2.11.4 PC mit Internetzugang

Ein Notebook/Tablet oder PC mit Internetzugriff, YouTube und neuen Medien ist essenzieller Bestandteil eines Studiums. Ein Karteikartenkasten nach Vorbild von Sebastian Leitner (2008) ist eine sinnvolle Ergänzung zum Lernen, um sich auf das Wesentliche zu konzentrieren. Mehr zum Thema Minimalismus finden Sie in Abschn. 2.5.

2.12 Ozeanreise – all inclusive?

Individuelle Lebenswege lassen kein Rundum-Pauschalkonzept beim Lernen und Aneignen von Wissen zu. Deshalb können dieses Büchlein und auch Ihr Fernstudium nur einen Einblick in vielfältige Wissensschätze geben. Machen Sie individuell **„Me(e/h)r"** aus Ihrer weiten und tiefen Lebenserfahrung. Docken Sie an gemachte Erfahrungen an und erschließen Sie sich Ihre Studien- und Lernwelt auf eine ganz eigene Art und Weise. **„Me(e/h)r"** bedeutet, Ihr **M**anuskript zum Lernen zu erstellen, zu **e**laborieren und Neues in bestehende Strukturen zu integrieren, jedoch nicht nur **e**inmal, aber trotzdem nach einem (**h**eutigen) Plan, sondern **r**egelmäßig. Details finden Sie im Übungsbuch. Selbst wenn die Kapitelüberschrift eine vollumfängliche Lösung versprechen mag, ist es fast immer nur möglich, sich individuell am reichhaltigen Buffet zu bedienen. Alles werden Sie nicht probieren können.

2.13 Dilemma: ausgefülltes Leben und intrinsischer Wunsch nach mehr

Hüttmann (Hüttmann 2016) schreibt in ihrer Einleitung über Erfahrungen im Coaching. Nachdem präsente Sorgen und Probleme wie Zeitmanagement, Prüfungsangst, Lernschwierigkeiten und anderes benannt sind, kommen nach ein bis zwei Coachingstunden andere Themen ans Licht. Wie finden Sie des „Pudels Kern"? Wenn Sie beim Lesen der nächsten Kapitel merken, dass Sie, statt im kreativen Fluss zu schwimmen, auf bisher verdrängte Ängste, Zweifel, Sorgen oder „ja, aber"-Gedanken stoßen, suchen Sie sich bitte professionelle Hilfe. Veränderungskreativität© zu wecken hat das Ziel, das eigene Potenzial zu entdecken und mit spielerischer Leichtigkeit kreativ selbst zu entfalten. Packen Sie Herausforderungen an, solange sie klein sind. Bei Burns (2011) finden Sie Anhaltspunkte, um eine „Ich kann nicht"-Einstellung infrage zu stellen. Mögliche Ursachen für konkret empfundene Defizite finden Sie bei Hüttmann (Hüttmann 2016), in Tab. 1.1, S. 5–6.

> Wenn Sie überzeugt sind, ein miserables Zeitmanagement bzw. Schwierigkeiten mit Disziplin zu haben und effektiv zu lernen, dann steckt dahinter ggf. ein unklares Bild über Ihre Zukunft. Treten die Herausforderungen kombiniert mit einem angeschlagenen Selbstbewusstsein auf, kann das Ausdruck einer bisher unerkannten Hochbegabung sein.

Setzen Sie Tipps aus Büchern oder Coaching im Alltag um. Ja, man kann an vielen Stellen optimieren, konstant lernen und wachsen (Schäfer 2003), sich selbst managen und besser, hoffentlich aber nicht perfektionistisch werden. Finden und halten Sie das richtige Maß. Ziel ist, das individuelle Potenzial zu entfalten, statt Erwartungen anderer zu erfüllen.

Entscheidend sind eine persönliche Vision, ein Leitbild und die Bereitschaft, alte, bisher dienliche und teilweise anerzogene bzw. bequeme Glaubensmuster infrage zu stellen. Ein stabiles Selbstwertgefühl mit einer gesunden Portion Egoismus und Authentizität hilft, kreativ und frei von Disstress durchs Studium und den Alltag zu kommen. Checklisten, Notizen und ein herausragendes Projektmanagement unterstützen dabei, sind aber nur Mittel zum Zweck. Sie haben ein Fernstudium gewählt, um selbstbestimmt und individuell auf die eigenen Bedürfnisse zugeschnitten weiterzukommen. Gibt es **ETWAS(Z)**, das Sie antreibt? Schreiben Sie ins goldene Logbuch, was Sie bewegt, Sie verändern bzw. anpacken wollen. Jeder Impuls ist es wert, aufgeschrieben zu werden. Details finden Sie im Übungsbuch.

ETWAS(Z), was antreibt

E – wie engagiert und erfahren.
T – wie Time - ge - managed.
W – wie Wissen aufbauen.
A – wie arbeitsmarktbezogen, also auf Fähigkeiten ausgerichtet, die mir in Zukunft auf dem Arbeitsmarkt eine Hilfe sein könnten.
S(Z) – wie zukunftsorientiertes Storytelling.

2.14 Katamaran für Eilige – das Wichtige für Schnellleser

Shortbooks bringen Bestseller auf den Punkt. Professionelle Infografiken (Heber 2018) geben einen wirkungsvollen Überblick. Wissen lässt sich auf unterschiedliche Art und

Weise komprimieren. Sprachgewandte Studierende nutzen Exzerpte mit Worten. Manche Menschen lieben es visuell und erstellen „geile Shows" (Reuther 2011), Mindmaps, Mangas, Sketchnotes oder gestalten gelungene Bilder. Ein Medium der jüngeren Generation heißt z. B. YouTube. Neue Eindrücke beflügeln die eigene Kreativität. Das Wichtigste für Schnellleser ist in Abschn. 2.1 bis 2.13 zusammengefasst. Lesen Sie in Abschn. 2.15 weiter, um an Ihrer persönlichen Studienstrategie kreativ nachzubessern. Möglichkeiten zur Stressprävention haben Scherenberg und Buchwald (2016) auf den Punkt gebracht. Sie beziehen sich auf eine Methodik des effizienten Arbeitens, was im Projektmanagement für Ingenieure zur Anwendung kommt (Jakoby 2013), und benennen zwei zentrale Herausforderungen: das Entscheidungsproblem (Klein et al. 2003) und das Planungsproblem (Kahneman und Tversky 1979).

Wie entscheidet man sich für spezifische Ziele und Prioritäten, um sich den wichtigsten Aufgaben konsequent zu widmen? Trotz guter Vorsätze und SMARTer Ziele hakte es, sodass es zum Aufschieben (Prokrastination) kommt. Entscheidungs- und Planungsprobleme zu lösen, reichte für mich nicht aus.

Wonach verlangt das Herz? Welche Prioritäten konkurrieren immer mal wieder miteinander? Familie und/oder beruflich weiterkommen? Klar haben wir z. B. den Neujahrsvorsatz, uns zu bewegen und ausgewogen zu essen. Doch hochwertige Ernährung ist ggf. teurer, und Sport kostet Zeit. Dies könnte in Konflikt mit einem Nebenjob stehen, der zusätzlich Geld für offene Rechnungen einbringt, um nachts wieder friedlich zu schlafen, um tagsüber ausgeruht und leistungsfähig zu sein. Die Katze beißt sich evtl. in den Schwanz. Manchmal fehlt die eigene Vision, die BIG IDEA, das Thinking big (Tracy 2010). Wer seine Prioritäten glasklar schriftlich formuliert hat, hat keine

Entscheidungs- und/oder Planungsprobleme. Wenn ich für etwas brenne, gibt es dann Alternativen? Haben Sie bei exzellenter Werbung Zweifel, dass Sie das Produkt XY brauchen könnten? Hier läuft unbewusst eine ganze Menge, was uns deutlich macht, was wir uns wünschen. Oder ist es das, was uns Werbung suggeriert, was wir brauchen? Befreien wir uns aus den Zwängen des Alltags mit antrainierten, durchstrukturierten oder gar diktierten Regeln. Wenn wir achtsam und eigenverantwortlich unseren Lebenstraum leben, lösen sich viele Probleme in Luft auf. Oft klappt der Ausbruch nicht von jetzt auf gleich. Doch Rom wurde auch nicht an einem Tag erbaut. Überlegen Sie, ob Sie mit dem Studium Erwartungen von Mitmenschen, Familie oder Vorgesetzten gerecht werden oder nur jemandem etwas beweisen wollen?

Die Frage nach dem Aufschieben und Zeitmanagement stellt sich nur nebensächlich, wenn Sie genau wissen, wohin Sie wollen. Wer kontinuierlich im Flow ist, sich täglich Herausforderungen und ggf. seinen Ängsten stellt sowie gelungene Routinen etabliert hat, schiebt nicht länger auf. Wenn wir uns in Phasen von Überlastung immer wieder auf diese Basics konzentrieren, fällt nein zu sagen und Prioritäten zu setzen nicht mehr schwer. Voraussetzung ist ein gesundes Selbstwertgefühl und die Fähigkeit, sich selbst so zu lieben, wie man ist: mit allen Schwächen! Wer auf die eigenen Bedürfnisse hört, schadet sich nicht länger durch Perfektionismus (Abschn. 5.2) oder den Spagat, es anderen recht machen zu wollen und es trotzdem „nie“ richtig zu tun. Alle Techniken der Abschn. 2.1 bis 2.14 helfen nur dann, wenn Ihre Vision steht. Unumstößlich. Schriftlich. Detailliert. Wenn Sie aus voller tiefer innerer Überzeugung dazu Ja sagen, entscheiden Sie sich evtl. bewusst, das Studium aufzugeben, falls Sie damit nur anderen gefallen oder deren Träume verwirklichen wollten. Gestalten Sie Ihr Leben so, dass es Ihnen Spaß macht. Mit oder ohne Fernstudium. Idee ist ein kreativer und ganzheitlicher Optimalismus. Das heißt, teilweise gezielt Minimalismus ausleben, sparsam, nachhaltig, effizient, Vorhandenes nutzen/aufbrauchen und wenige, dafür aber wertige Lieblingsstücke verwenden. Andererseits gehört es für mich dazu, kreativ aus der Fülle aller Möglichkeiten zu schöpfen. Dabei zählt es, sich nicht einzuschränken, aber auch nicht materiell zu überfrachten oder gar zum Perfektionisten oder Messie zu werden. Details dazu in den folgenden Kapiteln und im Übungsbuch.

2.15 Veränderungskreativität©

Veränderungskreativität© nenne ich den Zustand der Unruhe, des Kribbeligseins, des Getriebenseins zur Veränderung bei gleichzeitiger intrinsischer Motivation, etwas Neues zu schaffen. Ich interpretiere es als Vorstufe bzw. Voraussetzung für bewusstes Lernen und Flow. Die Vergangenheit hinter sich zu lassen und Zweifeln keinen Raum zu geben, gehört dazu. In Kombination mit der Motivation und Kreativität für die nächsten Schritte eröffnen sich neue Wege und Möglichkeiten. Dazu ist die Bereitschaft nötig, das volle Risiko und die Verantwortung vollständig auf sich zu nehmen. Wer tief in sich spürt bzw. „weiß“, dass es passt, hat es leichter.

Um zu wissen, was ich (bewusst) lernen möchte, wecke ich meine Veränderungskreativität©. Nach Druckworth dient bewusstes Lernen der Vorbereitung, Flow der Leistungserbringung (Duckworth 2017). Veränderungskreativität© zu wecken ist für mich die Voraussetzung, um Lernen zu fokussieren, und somit die Vorstufe, um Lernen bewusst zu machen und gezielt zu lenken.

Mit Veränderungskreativität© ist die positive Energie gemeint, die man selbst dann aus sich heraus generieren kann, wenn man kurz vor dem Scheitern steht oder zunächst einmal gescheitert, aber offen ist, aus der Krise heraus neue Wege zu bestreiten. Wie komme ich in den Zustand vor dem Flow? Welche Möglichkeiten habe ich loszulassen? Wie kreiere ich meine Vision? Wie lebe ich sie zielgerichtet im Alltag aus? Wie bleibe ich am Ball? Wie lenke ich negative Energien, Emotionen bzw. Gedanken um, um mich vor Burnout zu schützen? Wie komme ich möglicherweise über eine Zwischenlösung zu neuen Ideen, Visionen und Möglichkeiten? Mit Veränderungskreativität© weckt und spürt man die Kraft, in der Lage zu sein, etwas zu verändern und es darüber hinaus zu wollen, weil man mutig ist, andere als bisher übliche, unentdeckte Wege zu nutzen. Glaubenssätze infrage zu stellen und Dinge anzuschieben, die man zuvor nie favorisiert hat, und sich selbst auf diese Weise mutig zum Erfolg zu führen, gehört dazu.

Lisbeth Jerich vertritt die These, dass eine „innere Entfremdung" die Hauptursache für emotionale Erschöpfung und Unzufriedenheit mit den eigenen Leistungen sei, die zum Burnout führen (Nill-Theobald 2014, S. 33). Wer aktiv plant, kreativ neue Ideen kreiert und ständig beschäftigt ist, hat keine Zeit, sich zu sorgen oder zu grübeln. Der menschliche Verstand denkt in meiner Wahrnehmung nur einen Gedanken unmittelbar gleichzeitig. Pöppel beschreibt Multitasking als Irrweg, so auch Schmidt (2011). Wie verplanen Sie Ihre 24 Stunden pro Tag? Verwenden Sie die Zeit für Ihre Vision, statt unnötig zu grübeln? Auch wenn diese Fragen wissenschaftlich nicht abschließend geklärt sind oder gar philosophisch betrachtet werden, liegt die Vermutung nahe, dass der Mensch unterschiedliche Gefühle nur nacheinander, niemals gleichzeitig empfindet (LeDoux und Griese 2006; LeDoux und Trunk 2003). Entscheiden Sie sich: Fühlen Sie sich jetzt gut. Stellen Sie „schlechte" Emotionen für „später" zurück, um dahinterliegende Glaubenssätze aufzuspüren.

Organisation ist der Schlüssel zum Erfolg. Ein nicht organisierter Tag ist eigentlich ein verlorener Tag (Grünwald et al. 2013, S. 137–138).

Planen Sie Ihr Leben jetzt. Führen Sie sich selbst. Weiterführende Infos mit vielen Beispielen zum Thema blinde Flecken, Ängste überwinden, sein persönliches Mindset aufräumen (Hüttmann 2016) und Visionscollagen nach der Idee von Karl Wiesner zu erstellen (Wiesner 2019) finden Sie im Übungsbuch.

Wer das Außergewöhnliche will, muß selbst außergewöhnlich sein (Nikolaus B. Enkelmann, in Tracy 2010).

Literatur

Bandler R, Grinder J (2000) Reframing: Ein ökologischer Ansatz in der Psychotherapie (NLP), 7. Aufl. Junfermann, Paderborn

Black K (2019) Sunday Meal Prep: Sonntags 1 bis 2 Stunden vorkochen – und das Abendessen steht von Montag bis Freitag blitzschnell auf dem Tisch. Riva, München

Braun OL (2019) Selbstmanagement und Mentale Stärke im Arbeitsleben. Springer, Berlin/Heidelberg

Burns DD (2011) Feeling good – Depressionen überwinden und Selbstachtung gewinnen: Wie Sie lernen, sich wieder wohlzufühlen, 3. Aufl. Junfermann, Paderborn, S 92–95, 109, 114–119

Busson S (2018) 9 Merkmale des Flow-Zustandes nach Mihály Csíkszentmihályi. https://www.beyourbest.at/flow-mihaly-csikszentmihalyi/. Zugegriffen am 08.02.2020

Carroll R (2019) Die Bullet Journal Methode: Verstehe deine Vergangenheit, ordne deine Gegenwart, gestalte deine Zukunft. Rowohlt, Reinbek bei Hamburg, S 124–130

Covey SR (2014) Der Weg zum Wesentlichen: Der Klassiker des Zeitmanagements, 7., erw. Aufl. Campus, Frankfurt, S 36, 135–140

Covey SR (2016) Der 8. Weg: Mit Effektivität zu wahrer Größe, 10. Aufl. GABAL, Offenbach, S 60

Davis W, Brodersen I (2013) Weizenwampe: Warum Weizen dick und krank macht, 5. Aufl. Goldmann, München

Denner A (2004) Du kannst der Beste werden: Das Leadership-Handbuch. Köln, S 67. https://www.fpz-vitalmedizin.de/

van Dijk TA, Sauer C (1980) Textwissenschaft: Eine interdisziplinäre Einführung. dtv, München

Drucker PF (1999/1954) The practice of management. Butterworth-Heinemann, Oxford

Duckworth A (2017) GRIT: Die neue Formel zum Erfolg: mit Begeisterung und Ausdauer zum Ziel. Bertelsmann, München, S 199

Fakultät für Soziologie der Universität Bielefeld (2019) Forschungsprojekt „Niklas Luhmann – Theorie als Passion". https://www.uni-bielefeld.de/soz/luhmann-archiv/. Zugegriffen am 01.11.2019

Grünwald R, Kopper M, Pohl M (2013) Die Turbo-Studenten: Die Erfolgsstory: Bachelor plus Master in vier statt elf Semestern. GABAL, Offenbach, S 12, 33, 52, 65, 137–138, 142, 164

Haas H (2018) Flipchart: Das Praxisbuch für Einsteiger. MITP, Frechen

Hacker W, Sachse P (2014) Allgemeine Arbeitspsychologie: Psychische Regulation von Tätigkeiten, 3. Aufl. Hogrefe, Göttingen, S 422

Haenel T (2018) Depression – das Leben mit der schwarz gekleideten Dame in den Griff bekommen. Springer, Berlin/Heidelberg, 40, 191–192, 198

Heber R (2018) Infografik: Gute Geschichten erzählen mit komplexen Daten. Rheinwerk, Bonn

Hüttmann A (2016) Erfolgreich studieren mit Soft Skills. Springer Fachmedien, Wiesbaden, S 88, 23–143, 153, 157–162

Jakoby W (2013) Projektmanagement für Ingenieure: Ein praxisnahes Lehrbuch für den systematischen Projekterfolg, 2., Ak. u. erw. Aufl. Springer Fachmedien, Wiesbaden

Kahneman D, Tversky A (1979) Prospect theory: an analysis of decision under risk. Econometrica 47:263–292

Kaluza G (2018) Gelassen und sicher im Stress: Das Stresskompetenz-Buch: Stress erkennen, verstehen, bewältigen, 7. Aufl. Springer, Berlin/Heidelberg, S 71–88

Klein S, König CJ, Kleinmann M (2003) Sind Selbstmanagement-Trainings effektiv? Z Personalpsychol 2:157–168. https://doi.org/10.1026//1617-6391.2.4.157

Koch R, Mader F, Schöbitz B (2008) Das 80/20 Prinzip: Mehr Erfolg mit weniger Aufwand, 3., Ak. Aufl. Campus, Frankfurt am Main, S 61–62

Komarek I (2010) Ich lern einfach! Das NLP-Programm für effektive Lerntechniken. Südwest, München

Krug R (2019) Von Zucker, Blut und Brötchen: Gesund durch Selbstoptimierung und genetisch korrektes Essen. Independently published (2. Juli 2019)

Kruse O (2010) Lesen und Schreiben: Der richtige Umgang mit Texten im Studium. Studieren, aber richtig. UVK, Konstanz, S 20, 45, 65

LeDoux JE, Griese F (2006) Das Netz der Gefühle: Wie Emotionen entstehen, 4. Aufl. dtv, München

LeDoux JE, Trunk C (2003) Das Netz der Persönlichkeit: Wie unser Selbst entsteht. Walter, Düsseldorf

Leitner S (2008) So lernt man lernen: Der Weg zum Erfolg, 16. Aufl. Herder, Freiburg im Breisgau

Locke EA, Latham GP (2006) New directions in goal-setting theory. Curr Dir Psychol Sci 15:265–268. https://doi.org/10.1111/j.1467-8721.2006.00449.x

Loehr JE, Schwartz T (2010) The power of full engagement: managing energy, not time, is the key to high performance and personal renewal. Soundview Executive Book Summaries, Norwood

Löhle M (2016) Effektiv lernen: Erprobte Strategien für mehr Erfolg in der Schule, 2., überarb. Aufl. Hogrefe, Göttingen

Mandl H, Friedrich HF (2006) Handbuch Lernstrategien. Hogrefe, Göttingen
Mathias D (2012) Fit von 1 bis Hundert. Springer, Berlin/Heidelberg, S 49
Maximini D (2018) Scrum – Einführung in der Unternehmenspraxis. Springer, Berlin/Heidelberg, S 32
Mohl A (2014) Der große Zauberlehrling. 2000. Junfermann, Paderborn, S 368–371
Nill-Theobald C (2014) Endlich wieder Montag! Die neue Lust auf Leistung. Wiley, Hoboken, S 33
Nöteberg S (2011) Die Pomodoro-Technik in der Praxis: Der einfache Weg, mehr in kürzerer Zeit zu erledigen. dpunkt, Heidelberg
Pichl V (2017) Meal Prep: Gesunde Mahlzeiten vorbereiten, mitnehmen und Zeit sparen. riva, München, S 25
Rau H (2016) Der „Writing Code": Bessere Abschlussarbeiten in kürzerer Zeit. Nomos, Baden-Baden, S 17, 152–155
Reglin F (2016) Bausteine des Lebens: Aminosäuren in der orthomolekularen Medizin, 2. Aufl. Reglin, Köln, S 19, 21, 25, 29, 32–33, 94
Reuther O (2011) Geile Show! Präsentieren lernen für Schule, Studium und den Rest des Lebens. dpunkt, Heidelberg
Riedl M, Müller C (2017) Abnehmen nach dem 20:80 Prinzip: 20% Verhalten ändern, 80 % Essgewohnheiten behalten. GU Gräfe und Unzer, München
Rustemeyer R, Callies C (2014) Aufschieben, Verzögern, Vermeiden: Einführung in die Prokrastination. WBG – Wissenschaftliche Buchgesellschaft, Darmstadt, S 12, 109
Rye DE (2001) 1001 Wege, Karriere zu machen: Weiterkommen mit der richtigen Selbst-PR. Bewerbung & Beruf. mvg, Landsberg am Lech, S 19–20
Schäfer B (2003) Die Gesetze der Gewinner: Erfolg und ein erfülltes Leben. dtv, München
vom Scheidt J (1977) Entdecke dein Ich: Erkundungsfahrt ins Land der Psyche. Arena-Ratgeber für junge Leute. Arena, Würzburg, S 8–9

Scherenberg V, Buchwald P (2016) Stressmanagement im Fernstudium. Springer Fachmedien, Wiesbaden, S 6–21, 41–63, 146–147

Schmidt I (2011) Alles in bester Ordnung oder wie man lernt, das Chaos zu lieben: Ein philosophischer Wegweiser vom Suchen zum Finden. Ludwig, München, S 136

Schouwenburg HC, Groenewoud J (2001) Study motivation under social temptation; effects of trait procrastination. Personal Individ Differ 30:229–240. https://doi.org/10.1016/S0191-8869(00)00034-9, 239

Schwartz T, Loehr J (2003) Die Disziplin des Erfolgs: Von Spitzensportlern lernen – Energie richtig managen. Econ, München, S 9, 11, 49

Schwiebert A (2015) Kluge Köpfe, krumme Wege? Wie Hochbegabte den passenden Berufsweg finden. Junfermann, Paderborn, S 63, 65, 67–80

Starrett K (2016) Sitzen ist das neue Rauchen: Das Trainingsprogramm, um lebensstilbedingten Haltungsschäden vorzubeugen und unsere natürliche Mobilität zurückzugewinnen. riva, München

Steiner G (2008) Lernen: 20 Szenarien aus dem Alltag, 4., unveränd. Aufl., Nachdr. Huber, Bern, 219, 226

Strunz U (2019) Wundersame Lektüre. https://www.strunz.com/de/news/wundersame-lektuere.html. Zugegriffen am 01.11.2019

Tracy B (2010) Thinking Big: Von der Vision zum Erfolg, 4. Aufl. GABAL, Offenbach

Tuckman BW (1991) The development and concurrent validity of the procrastination scale. Educ Psychol Meas 51:473–480. https://doi.org/10.1177/0013164491512022, 474

Völker C (2019) Hocker Coacher gegen Rückenschmerzen am Schreibtisch. https://www.holzboutique.de/hocker-coacher-gegen-rückenbeschwerden-am-schreibtisch. Zugegriffen am 01.11.2019

Wardetzki B (2015) Weiblicher Narzissmus: Der Hunger nach Anerkennung, 26. Aufl. Kösel, München

Weisweiler S, Dirscherl B, Braumandl I (2013) Zeit- und Selbstmanagement: Ein Trainingsmanual – Module, Methoden, Materialien für Training und Coaching. Springer, Heidelberg, S 13

Wieke T (2004) Erfolgreiches Zeitmanagement: Wie Sie Ihren Berufsalltag erfolgreich planen und Zeitfallen vermeiden. Berufsstrategie. Eichborn, Frankfurt am Main, S 11, 19, 93, 101

Wiesner K (2019) Wunscherfüllungs-Workshop. https://www.berg-meditation.de/wunscherfuellungs-workshop/. Zugegriffen am 04.11.2019

3

Der individuelle Reiseplan im Detail

Vollenden Sie Ihr Leitbild

Ihre Bestandsaufnahme ist niemals abgeschlossen, selbst wenn am Kapitelende Ihr Leitbild steht. Ziel ist es, Ihre derzeitige Version bzw. Vision vollendet zu Papier zu bringen. Notieren Sie (noch einmal) Ihre Gründe für ein Fernstudium bzw. gestalten Sie eine Mindmap/einen Hypothesenbaum nach der Idee von Andler (2015). Beschäftigen Sie sich mit dem inneren und äußeren Team, den blinden Passagieren und der Crew an Bord. Unterschiedliche Instrumente zur Navigation erleichtern es, den eigenen Weg zu finden. Gehen Sie der Frage nach dem Warum auf den Grund. Das Rad neu zu erfinden ist nicht sinnvoll, wenn es rund läuft. Im Zusammenhang mit dem persönlichen Leitbild wird kurz auf Rahmenbedingungen eingegangen. Schulz von Thun (2009, 2016) widmet sich dem inneren Team, Wahren (1987) beschäftigt sich mit „äußeren" Teams. Im Fernstudium begegnen Ihnen Studierende jeden Alters. Profitieren Sie von unterschiedlichen Sichtweisen. Mehr zum Thema Generationen gibt es in Kap. 4.

S. Lehmann, *Der Anti-Stress-Trainer für Fernstudierende*, Anti-Stress-Trainer, https://doi.org/10.1007/978-3-658-29566-0_3

3.1 Die Crew an Deck und die Schiffslotsen

Das direkte persönliche Umfeld (Freunde, Familie, Kollegen), die Crew an Deck sowie professionelle Schiffslotsen (z. B. Berater und Therapeuten) können Sie bei Schwierigkeiten im Fernstudium unterstützen. Doch die Verantwortung für Ihr Schiff haben Sie allein. Sie geben den Kurs vor. Falls nicht, übernimmt jemand anderes das Steuer, oder man treibt ohne Kapitän über das Meer. Navigieren Sie Ihr Schiff dorthin, wo SIE hinwollen. Der Kompass ist das persönliche Leitbild.

3.2 Instrumente zur Navigation

Brauchen Sie Unterstützung, um sich Freiräume zu schaffen, um nach Ihrem Leitbild zu leben? Hilfsmittel zum Navigieren gibt es viele: Navigationssysteme mit GPS, Straßenkarten, Schilder, Leuchtturm, Fluglotsen usw.

Fernstudierende brauchen Unterstützung. Möglichkeiten gibt es viele. Doch Hilfe nützt nur, wenn man das persönliche Leitbild vor Augen und seine Ziele schriftlich formuliert hat. Scherenberg und Buchwald (2016) unterscheiden drei Formen sozialer Unterstützung: informelle, emotionale und instrumentelle Hilfestellung. Als Ergänzung dazu hilft der Austausch mit anderen. Man vergleicht, gibt sinnvolle Ratschläge nach Zustimmung und nimmt Tipps an. Die Lebensphilosophie der Generation Y und Z führt zu einem Wertewandel. Während Scherenberg und Buchwald den Blickwinkel auf „äußere" Komponenten bzw. Ressourcen legen und im sozialen Miteinander auf die Mitmenschen zählen, hilft es, gleichermaßen an inneren Wertmaßstäben zu arbeiten und den Blick verstärkt darauf zu richten. Geben und Nehmen muss nicht zwingend – nach These von Scherenberg und Buchwald – im Gleichgewicht sein. Betrachten Sie ein mögliches Ungleichgewicht mal aus einem anderen Blickwinkel: Viele Mitstudierende bzw. Menschen aus Ihrem persönlichen Umfeld helfen gerne und erwarten keine (unmittelbare) Gegenleistung. Wer Geben als innere Befriedigung empfindet, bekleidet ein Ehrenamt. Auf der anderen Seite nehmen Menschen Hilfe an, ohne dafür zu bezahlen oder Zug um Zug einen Ausgleich zu erwarten. Vergessen Sie Ihre „gute" Erziehung. Lernen Sie einen „gesunden" Egoismus. Jeder hat die Freiheit, NEIN zu sagen. Monetäre Anreize bzw. das Gefühl von Sicherheit in einer Gemeinschaft können eine Belohnung sein. Sind Sie in der Lage, Arbeit zu delegieren, um einen größtmöglichen Nutzen zu ziehen? Wer jetzt an die ausgebeutete „Generation Praktikum“ denkt, hat den Appell zur Änderung der eigenen Haltung hin zu einem gesunden Egoismus und Selbstliebe nicht verstanden. Delegieren ist eine wichtige Managerfähigkeit, die Sie im Rahmen des Studiums lernen. Oft ergeben sich ungeahnte Win-win-Situationen. Heute heißt dies Netzwerkgedanke oder Open Source. Man unterstützt andere, ohne eine direkte Gegenleistung zu erwarten. Schwarmwissen hilft allen. Lösen Sie sich von veralteten Glaubenssätzen. Als Norbert Blüm 1986 versprach, die Rente sei sicher, und dies auch 1997 noch einmal wiederholte, herrschten andere Bedingungen (Deutscher Bundestag 2012).

3.3 Tag und Nacht entspannt an Bord – rund um die Uhr

Nervosität und Angst verbrauchen viel Kraft, nicht nur im Sport (Railo 1986). Die Nerven zu bewahren hilft, Energie zu sparen und zu entspannen. Mentale und körperliche Entspannungstechniken finden Sie bei Scherenberg und Buchwald (2016) in Kapitel 3. Gute Gewohnheiten bzw. Routinen, die wir en bloc erledigen, erleichtern und entspannen das Leben. Bei Anthony Robbins (2015) finden Sie Ideen zur Morgen- bzw. Abendroutine. Nöteberg (2011) widmet sich dem Zeitmanagement mit Pomodori. Strukturiertes Planen hilft, neue Gewohnheiten zu etablieren. 1978 erkannten Mischel und Patterson den Effekt ziel- und belohnungsorientierter Planung (Steiner 2010). Nach Schwartz und Loehr (Schwartz et al. 2003) hilft es, alles aufzuschreiben, was belastet, um im zweiten Schritt die Herausforderung darin zu suchen. Wenn entscheidende Reize für neue Gewohnheiten präsent sind, z. B. durch ein Post-it an der Kaffeemaschine (Steiner 2010), dann ist eine Verhaltensänderung leichter. Je mehr Erinnerungen und Verknüpfungen desto besser. Belohnungen verstärken die Wirkung. Grundlage dafür ist das Gesetz des Effektes nach Edward Lee Thorndike. Bei Interesse lesen Sie Details zu operanter Konditionierung nach. Nötig sind die Bereitschaft zum Handeln, Übung und die erlebten Konsequenzen bei der Auswirkung. Zudem benötigen Sie Erinnerungshilfen wie z. B. eine überzeugende Morgenroutine. Guthrie bezeichnet Gewohnheiten als komplexe Bewegungsmuster bzw. im Detail geplante Ablaufpläne (Steiner 2010). Was erledigen Sie unmittelbar nach dem Aufstehen? Entspricht dies Ihren idealen Vorstellungen? Falls nicht, etablieren Sie neue Rituale.

Beispiel

Wer morgens ein gesundes Frühstück plant, braucht die Zutaten zu Hause. Um den Kaffeekonsum einzuschränken, hilft ein Post-it auf der Kaffeemaschine. „Ein Kaffee plus ein gesundes Frühstück". Ausgewogener zu essen erreicht man mit einer Checkliste. Alte Gewohnheiten durchbricht man nur durch konsequente Erinnerung bzw. neue gute auslösende Reize. Handlungsbereitschaft verstärkt sich, wenn alle erforderlichen Mittel zur Verfügung stehen. Haben Sie vorausschauend eingekauft? Was fasziniert Sie an einem Buffet? Leckereien sind ansprechend präsentiert und vielfältig. Farben spielen eine Rolle. Keine Lust auf Arbeit am frühen Morgen? Alternativ bereiten Sie am Vorabend etwas vor oder delegieren die Zubereitung. Wenn Sie früher mit einem Glas Cola und einem Stück Schokolade in Ihren Tag gestartet sind, dann hilft es, diese Genussmittel nicht mehr im Haus zu haben. Wer nicht so radikal vorgeht, lagert keine eisgekühlte Cola über Nacht, sondern stellt erst eine kleine Flasche für den Abend kalt, bevor man das Haus am Morgen verlässt. Auf die Tafel Schokolade kleben Sie ein Post-it, das Sie z. B. an einen Apfel erinnert. Wenn Sie Gewohnheiten verändern, zelebrieren Sie es wie einen Projektstart. Denken Sie z. B. an ein optimal organisiertes Kick-off-Meeting im beruflichen Kontext, das die Beteiligten von Anfang an zusammenschweißt. Die neue Gewohnheit fängt z. B. damit an, Obst auf den Einkaufszettel zu schreiben. Gute Ziele sind SMART (Drucker 1999). Fangen Sie klein an. Wer sich perfektionistisch überfordert, hindert sich an der Umsetzung ambitionierter Ziele. Vergessen Sie nicht, wie lange Sie die alten schlechten Gewohnheiten gepflegt und konditioniert haben. Dies zu ändern funktioniert in vielen Fällen nicht von heute auf morgen.

Neben SMART ist es hilfreich, sich Tätigkeitsziele zu setzen (Burns 2011), um aus erlernter Hilflosigkeit herauszukommen. Weg von „Ich kann nicht", hin zu „doch, ich kann, in kleinen Schritten." Der Mensch ist ein Gewohnheitstier und bleibt gerne in der Komfortzone (Steiner 2010). Die Kombination aus erlernter Hilflosigkeit und gehegten Gewohnheiten bezeichnet Brian Tracy (2010) daher als fatal. Im NLP gibt es einem Ansatz, dass Veränderungen „schnell" funktionieren. Dazu bedarf es spezifischer Voraussetzungen. Mehr über das Erforschen von Glaubenssystemen lesen Sie bei Richard Bandler (Bandler und Milojevic 1995). Routinen gehen leicht von der Hand und ersparen das Denken.

Erinnern Sie sich z. B. an die ersten Fahrstunden? Wenn Sie einen Führerschein haben, sind Kuppeln und Schalten nach kurzer Zeit in Fleisch und Blut übergegangen. Ständig neue mentale Herausforderungen führen zur Ermüdung, wenn man sich konzentriert, aufmerksam ist und geistig eine Menge verarbeitet (Keel 2015). Konflikte, Lästereien und Mobbing erfordern ebenfalls viel Energie. Trotz Ermüdung rauben diese Belastungen häufig den Schlaf. Das führt ggf. in einen Teufelskreis. Wer hingegen jede Veränderung boykottiert und sich gänzlich gegen den Wandel der Zeit wehrt, den lähmen Langeweile und Monotonie. Dies mündet ggf. im Boreout statt Burnout.

3.4 Blinde Passagiere und die geistige Mannschaft

Ist Ihnen Ihr Team bekannt? Die inneren Antreiber und Saboteure? Lernen Sie Ihre blinden Passagiere kennen. Details finden Sie bei Schulz von Thun (2009) sowie bei Stone (Stone und Stone 1995, 1997) bzw. Satir unter Teile-Modell (Satir und Englander-Golden 1994). Der legendäre Basketballspieler Michael Jordan plädiert dafür, dass die innere persönliche Grundeinstellung ein entscheidender Faktor sei, herausragende Leistungen zu vollbringen (Denner 2004). Nach Ken Blanchard sei die dauerhafte Veränderung eines Menschen primär ein innerer Prozess, der immer zunächst auf einer Änderung der persönlichen Haltung beruht. Dort wohne „das wahre Ich" eines Menschen (Denner 2004). Lernen Sie, anders zu denken, und agieren Sie anders. Sammeln Sie neue Erfahrungen und erweitern Sie den persönlichen Horizont. Ideen, um aus Defiziten Kompetenzen zu entwickeln, finden Sie u. a. bei Klaus Mücke (Mücke 2004). Sich selbst zu vertrauen ist die Voraussetzung, um anderen zu vertrauen (Denner 2004).

> Achte auf deine innere Einstellung, denn sie bestimmt deine Gedanken.
> Achte auf deine Gedanken, denn sie werden Worte.
> Achte auf deine Worte, denn sie werden Handlungen.
> Achte auf deine Handlungen, denn sie werden Gewohnheiten.
> Achte auf deine Gewohnheiten, denn sie werden dein Charakter.
> Achte auf deinen Charakter, denn er wird dein Schicksal (Nossrat Peseschkian, Begründer der Positiven Psychotherapie) (Denner 2004, S. 21).

Innere Stimmen halten Sie ggf. davon ab, effizient zu arbeiten. Burghardt (2015) gibt Anregungen, wie man Emotionen gezielt greifbar macht. Steht Ihnen eine Piratencrew innerlich gegenüber? In Anlehnung an die Persönlichkeitseigenschaften von Kaluza (2018) sind dies die Kameraden Ungeduld, Perfektionismus, Einzelkämpferheld, Harmoniebedürftigkeit usw. Wer den Feind kennt, macht ihn zum Verbündeten oder besiegt ihn.

> Bevor du deinen Gegner verändern kannst, musst du erst dich selbst verändern (Denner 2004, S. 62).

Steven Pressfield (2003) bezeichnet innere Widerstände als Feinde der Kreativität. Kämpft in Ihnen David gegen Goliath? Welche Piraten halten Sie davon ab, Ihr Leben zu gestalten, Ihr Potenzial voll auszuschöpfen und einer leisen inneren Stimme zu lauschen bzw. Ihrem Herzen zu folgen? Die Meuterei wütet in Ihnen und richtet sich vor allem gegen unsere langfristigen, wiederholt aufgeschobenen Ziele wie gesündere Ernährung und Sport treiben. Denken Sie an „gute" Vorsätze für das neue Jahr, die oft schon in den ersten Tagen wieder verflogen sind. Diät, Fitnesstraining, Ehrenamt, Fernstudium usw. Die Sprache der Piraten ist Gewalt in jeder Form. Die Erreichung persönlicher Ziele steht dabei an erster Stelle. Lüge, List, Widerstand und Skrupellosigkeit lauern überall. Die Opfer sind den Ganoven völlig gleichgültig. Niedere Beweggründe stehen klar im Vordergrund. Sie scheinen nie zu schlafen. Es mangelt nicht an der Rekrutierung von Nachwuchs. Leichte und möglichst zielgerichtete, reichhaltige Ausbeute ohne Verhandlungsspielraum steht im Fokus. Innere Widerstände haben den Anschein, als seien sie Naturgewalten des Meeres. Unsere Furcht vor ihnen nährt sie mit Energie. Aber sie sind berechenbar, wenn Sie mal aus einem anderen Blickwinkel schauen. Je wichtiger etwas für uns ist, je näher wir das anvisierte Ziel vor Augen haben, desto vehementer wird der Wille, sich dem Kampf für sein Ziel zu stellen, um es zu erreichen. Wäre das Ziel nicht wichtig, wäre es Ihnen gleichgültig und würde Sie nicht belasten. Steven Pressfield (2003) verwendet in diesem Kontext den Ausdruck Liebe:

> Innere Widerstände verhalten sich direkt proportional zur Liebe (Pressfield, 2003, S. 61).

Die Horde wilder Piraten kommt nicht von außen! Werden Sie nicht Opfer kreativer Verschleppungstaktiken. Es sind nur schnelle Verlockungen. Kurzfristige Bedürfnisbefriedigung und Lustgewinn wird u. a. durch Frustshopping, Drogen, Alkohol, Süßigkeiten, exzessiven Sex, Medienkonsum erreicht. Diese sind ebenso als Flucht zu bewerten wie übermäßige Arbeit und Überstunden.

Widerstehen Sie dem sekundären Krankheitsgewinn bzw. anderen Ersatzbefriedigungen oder gesellschaftlichen

Trends. Hören Sie auf damit, über diese Wege Aufmerksamkeit zu bekommen bzw. dazuzugehören. Gestalten Sie Ihr eigenes Leben. Finden Sie darin Erfüllung, persönliche Bestätigung und gesellschaftliche Anerkennung. Ausflüchte und Entschuldigungen zählen nicht. Bereiten Sie sich gut vor, schaffen Sie Ordnung, üben Sie sich in Geduld und Ausdauer, und bleiben Sie standhaft. Ziel ist die meisterhafte Beherrschung des Handwerks. Voraussetzung dafür ist es, sich täglich an die Arbeit zu setzen. Wenn Ihre Blockade krankhafte Züge angenommen hat, suchen Sie sich professionelle Hilfe. Geraten Sie möglichst nicht in den Strudel einer Depression, eines Suchtverhaltens oder einer anderen Erkrankung. Erste Anzeichen sind z. B. massive Selbstkritik, Selbstzweifel, Ängste oder „Ja, aber…"-Gedanken.

3.5 Auf effiziente Zusammenarbeit der Schiffsmannschaft

Wir kennen das persönliche Umfeld, unsere Crew, die blinden Passagiere an Bord, Ballast, den wir mitschleppen, und die Piraten, die uns Energie rauben. Produktivität ist ein entscheidendes Kriterium und funktioniert ausgezeichnet in Tandems oder zu dritt. Möglichkeiten bieten der Onlinecampus der Hochschule oder soziale Medien. Nutzen Sie gemeinsam die Citavi-Cloud, um virtuell über große räumliche Entfernung und zeitversetzt zusammenzuarbeiten. Mehr zu Teamarbeit im Fernstudium finden Sie in Abschn. 4.5.

> Bildung ist ein unentreißbarer [sic!] Besitz (Menander, griechischer Komödiendichter).

3.6 Ihr Kompass – persönliches Leitbild

Können Sie Ihr persönliches Leitbild als Kompass aus den Aufzeichnungen aus Ihrem Bullet Journal gestalten? Nehmen Sie bei Bedarf in den vorausgegangenen Abschnitten zitierte Quellen hinzu. Spezielle Tipps bzw. Anregungen für Fernstudierende finden Sie im Übungsbuch. Lohnend ist auch, Ihr Selbstvertrauen zu verbessern (Merkle 1990, 1993) und mehr Selbstachtung zu gewinnen.

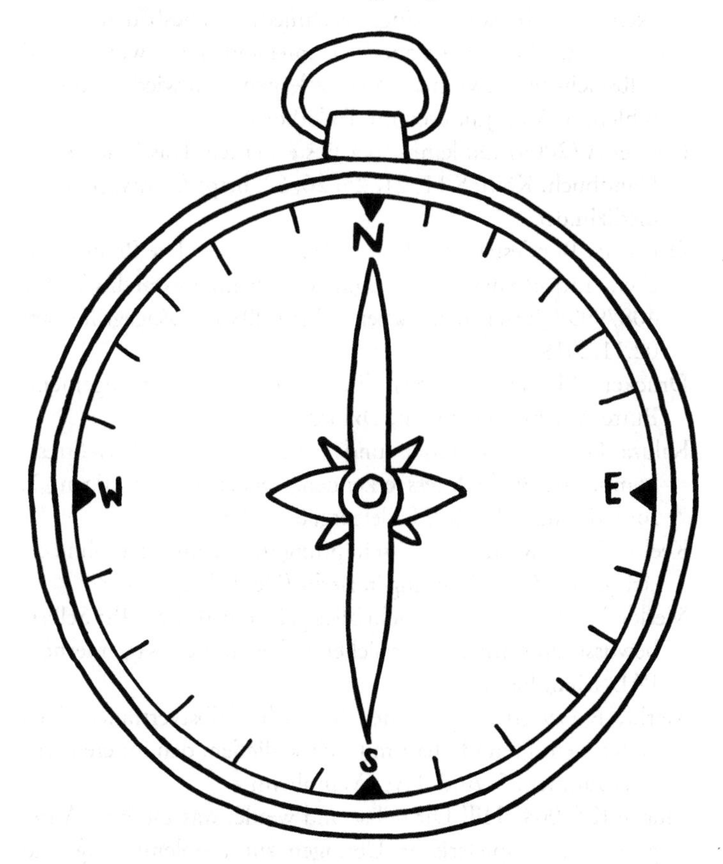

Literatur

Andler N (2015) Tools für Projektmanagement, Workshops und Consulting: Kompendium der wichtigsten Techniken und Methoden, 6., überarb. u. erw. Aufl. Publicis, Erlangen, S 80–84

Bandler R, Milojevic V (1995) Time for a change: Lernen, bessere Entscheidungen zu treffen; neue NLP-Techniken. Junfermann, Paderborn

Burghardt B (2015) Gelassenheit gewinnen – 30 Bilder für ein starkes Selbst: Wie Sie Ihren inneren Reichtum neu entdecken, 2., verb. Aufl. Springer Fachmedien, Wiesbaden

Burns DD (2011) Feeling good – Depressionen überwinden und Selbstachtung gewinnen: Wie Sie lernen, sich wieder wohlzufühlen, 3. Aufl. Junfermann, Paderborn

Denner A (2004) Du kannst der Beste werden: Das Leadership-Handbuch. Köln, S 11, 21, 25, 26, 62. https://www.fpz-vitalmedizin.de/

Deutscher Bundestag (2012) Zum Mitschreiben: Die Rente ist sicher. https://www.bundestag.de/dokumente/textarchiv/2012/40879998_kw41_rente_kalenderblatt-209618. Zugegriffen am 02.11.2019

Drucker PF (1999/1954) The practice of management. Butterworth-Heinemann, Oxford

Kaluza G (2018) Gelassen und sicher im Stress: Das Stresskompetenz-Buch: Stress erkennen, verstehen, bewältigen, 7. Aufl. Springer, Berlin/Heidelberg, S 79–88

Keel P (2015) Müdigkeit, Erschöpfung und Schmerzen ohne ersichtlichen Grund. Springer, Berlin/Heidelberg, S 2–3

Merkle R (1990) Lass dir nicht alles gefallen: Wie Sie Ihr Selbstbewusstsein stärken, selbstsicher auftreten, nein sagen lernen. PAL, Mannheim

Merkle R (1993) So gewinnen Sie mehr Selbstvertrauen: Sich annehmen, Freundschaft mit sich schließen, den inneren Kritiker zähmen, 5. Aufl. PAL, Mannheim

Mücke K (2004) Hilf Dir selbst und werde, was Du bist: Anregungen und spielerische Übungen zur Problemlösung und

Persönlichkeitsentfaltung; Lehr- und Lernbuch: Systemisches Selbstmanagement. Mücke Ökosysteme, Potsdam

Nöteberg S (2011) Die Pomodoro-Technik in der Praxis: Der einfache Weg, mehr in kürzerer Zeit zu erledigen. dpunkt, Heidelberg

Pressfield S (2003) Morgen fange ich an … warum nicht heute? Überwinden Sie Ihre inneren Widerstände. Ariston. Hugendubel, Kreuzlingen/München, S 7, 61

Railo W (1986) Besser sein wenn's zählt: Wegweiser zum Erfolg in Sport und Beruf. Pagina, Friedberg, S 42, 155

Robbins A (2015) Das Robbins Power Prinzip, 7. Aufl. Ullstein, Berlin, S 211–212

Satir V, Englander-Golden P (1994) Sei direkt: Der Weg zu freien Entscheidungen. Junfermann, Paderborn

Scherenberg V, Buchwald P (2016) Stressmanagement im Fernstudium. Springer Fachmedien, Wiesbaden, S 65, 69–71

Schulz von Thun F (2009) Miteinander reden 3: Das „Innere Team" und situationsgerechte Kommunikation: Kommunikation, Person, Situation, 18. Aufl. Rowohlt, Reinbek bei Hamburg

Schulz von Thun F (2016) Miteinander reden: 4: Fragen und Antworten, 6. Aufl. Rowohlt, Reinbek bei Hamburg

Schwartz T, Loehr J, Bertheau N (2003) Die Disziplin des Erfolgs: Von Spitzensportlern lernen – Energie richtig managen. Econ, München, S 147

Steiner G (2010) Lernen: 20 Szenarien aus dem Alltag, 4., unveränd. Aufl. Huber, Bern, S 53–58, 104–109

Stone H, Stone S (1995) Du bist richtig: Mit der Voice-Dialogue-Methode den inneren Kritiker zum Freund gewinnen. Heyne, München

Stone H, Stone S (1997) Du bist viele: Das 100fache Selbst und seine Entdeckung durch die Voice-Dialogue-Methode, 3. Aufl. Heyne, München

Tracy B (2010) Thinking Big: Von der Vision zum Erfolg, 4. Aufl. GABAL, Offenbach, S 7, 12–13

Wahren H-KE (1987) Zwischenmenschliche Kommunikation und Interaktion im Unternehmen: Grundlagen, Probleme und Ansätze zur Lösung. de Gruyter, Berlin/New York

4 Die Generationen der Seefahrer: Babyboomer, „Generation Golf", Millennials und Digital Natives in einem Team

Good Practices aus der Geschichte der Generationen der Seefahrer

Nachdem Sie Ihre Crew, Schiffslotsen sowie blinden Passagiere in Einklang gebracht und die Piraten eliminiert haben, schauen Sie auf Good Practices aus der Geschichte der Generationen der Seefahrer. Sie lernen, wie unterschiedliche Altersgruppen im Zeitalter der Wissensarbeit optimal miteinander zusammenarbeiten. Im Industriezeitalter war man auf Dinge fixiert. Dementsprechend glaubte man an die Notwendigkeit, Menschen zu kontrollieren und zu managen. Im Berufsleben wurden Mitarbeiter als Kostenfaktor gesehen. Wenn Führungskräfte diese Prinzipien heute auf Wissensarbeiter anwenden, so kommt es „zu geringem Vertrauen, Streit und Auflehnung" (Covey 2016). Deren Produktivität ist das wichtigste Kapital (Drucker 2005).

Im Fernstudium hat jede Generation Besonderheiten und Vorzüge. Man profitiert von generationenübergreifendem Lernen. Die folgenden Abschnitte orientieren sich an

S. Lehmann, *Der Anti-Stress-Trainer für Fernstudierende*, Anti-Stress-Trainer, https://doi.org/10.1007/978-3-658-29566-0_4

der Einteilung nach Eberhardt (2019), Scholz (2014) bzw. Mörstedt (2015). Die Zugehörigkeit zu einer Kohorte ist vom Geburtsjahrgang abhängig. Im Randbereich lohnt sich ein Blick auf die nächste bzw. vorherige Altersgruppe. Wem z. B. durch Geschwister typische Merkmale einer anderen Generation vertraut sind, identifiziert sich ggf. abweichend vom Geburtsjahrgang. Wichtig ist zu wissen, wie man tickt und wo ungenutztes Potenzial schlummert.

4.1 Traditionelle Weisheiten von den Babyboomern lernen

Die Babyboomer, geboren zwischen 1946 (Mörstedt 2015) bzw. 1956 (Eberhardt 2019) und 1964 gelten als Workaholics. Als unterschätzte Generation (Quarch und König 2013) verharren sie mit dem Gefühl, zu spät geboren zu sein, bzw. im Stand-by-Modus. Ihre Wertmaßstäbe beziehen sich auf Materielles und Sicherheit. Bei mehreren Geschwistern oder in vollen Klassen war man einer unter vielen. Man lernte früh, zu kooperieren und sich durchzusetzen. Gedanken an Konkurrenz und berufliche Unsicherheit sind der Alterskohorte vertraut. Teamfähigkeit, Gleichberechtigung und Fairness beschreibt Eberhardt (2019) als zentrale Stärke der Generation. Suche nach persönlicher Erfüllung und sinnvoller Tätigkeit sind im Besonderen ausgeprägt. Religion und deutlich sichtbare gesellschaftliche Normen haben quasi keinen Stellenwert. Die nachfolgende Generation X fühlt sich von der großen Anzahl der Babyboomer erschlagen und blockiert bezogen auf eigene Karrieremöglichkeiten (Bruch et al. 2010). Wertmaßstäbe beziehen sich auf Gesundheit, Idealismus und Kreativität (Mörstedt 2015).

4.2 Im Fahrwasser der „Generation Golf"

Illies (2013) bezeichnet die Jugend der 1980er-Jahre als Generation Golf. Sie entspricht damit einem Teil der Generation X, die die Jahrgänge 1965 bis ca. 1980 beinhaltet. Diese Kohorte ist behütet aufgewachsen und wird mit individualistischem Lebensgefühl beschrieben. Man kennt Höhen und Tiefen, z. T. hohe Scheidungsraten der Eltern, Ökonomisierung, steigende Arbeitslosigkeit aufgrund der Wirtschaftskrise, aber auch Lohnsteigerungen. Die Wertmaßstäbe sind von Sicherheit, Streben nach Wohlstand und Karriere geprägt. Der Umgang mit neuen Medien ist vertraut. Kinder stehen erst spät auf der Agenda. Bis dahin gilt die Generation als zielstrebig und vereinbart Beruf, Familie und Privatleben problemlos miteinander. Großeltern sind im Gegensatz zu den Babyboomern keine feste Größe für die Kinderbetreuung. Das Credo lautet, dass man nicht einfach Ja sagt, nur weil es ein Erwachsener sagt. Misstrauen und Wunsch nach Individualität sind charakteristisch (Mörstedt 2015). Konsum und Lustprinzip sowie eine eher unpolitische Ausrichtung sind Kennzeichen dieser Generation (Eberhardt 2019).

4.3 Highlights am Horizont der Millennials

Die Generation Y, die Jahrgänge von ca. 1980 bis 1993 (Mörstedt 2015) bzw. bis ca. 2000 (Eberhardt 2019), Digital Natives genannt, wächst partnerschaftlich und wohlumsorgt von fürsorglichen Eltern im wiedervereinten Deutschland auf. 9/11 prägt ihre Einstellung ebenso wie

Internet und neue Medien, mit denen sie aufwachsen. Die Generation hat ein hohes Selbstwertgefühl. Always-on, d. h. 24 Stunden an bis zu 366 Tagen im Jahr prägt ihre Erwartungshaltung. Wichtige Werte sind Sinn, persönliche Entwicklung, ein ausgeprägter Wunsch nach Mitsprache und Feedback. Die Generation leistet gute Arbeit, hat ein hohes Bildungsniveau, ist engagiert und motiviert. Erlebnisse und eine hohe Erwartungshaltung prägen sie. Man ist von sich überzeugt und kommuniziert dies deutlich. Ältere Generationen sind oft eifersüchtig auf die Millennials, die alle Möglichkeiten zu haben scheinen und diese zielstrebig verfolgen. Fremde Ziele wie z. B. Unternehmensziele stehen nicht unbedingt im Einklang mit den eigenen Wünschen. Partnerschaften haben eine nachrangige Bedeutung, wenn man Kompromisse eingeht.

4.4 Auf den Frequenzen der Digital Natives

Zur Generation Z bzw. Internet gehören die Jahrgänge ab ca. 1994/1995. Je nach Autor gibt es also Überschneidungen zu den Millennials. Eine Welt ohne WWW und Co. haben sie nicht kennengelernt. Smartphone und Social Media sind essenziell im Alltag. Unter Fernstudierenden ist die Generation zahlreich vertreten, die momentan in die Arbeitswelt hineinwächst. Flexible Möglichkeiten und zunehmende Einbeziehung neuer Medien in die Lernwelten kommen den jungen Menschen äußerst gelegen (Eberhardt 2019). Charakteristisch ist die ständige Nutzung von Smartphones und nahezu ununterbrochene Präsenz in sozialen Netzwerken (Mörstedt 2015).

4.5 Miteinander Lernen im Fernstudium

Die Generation Z bzw. die jungen Wilden, wie ich sie liebevoll nenne, nutzt die Flexibilität von Fernstudiengängen zunehmend und erwartet vollumfänglichen Medienkonsum. Millennials sind zielorientiert und kennen weder Einschränkungen noch Entbehrungen. Sie erwarten flache bzw. keine Hierarchien. Alles „always-on" verfügbar zu haben, gerne Multitasking und mit Technik auf hohem Niveau, ist unzweifelhaft. Sinn ist wichtig. Flexibilität erlaubt es, überall und quasi nebenbei zu arbeiten. Berufstätigkeit wird nur als kleiner Teil vom Leben verstanden. Generation X ist flexibel und anpassungsfähig. Sie sucht Struktur und ist dabei erfinderisch und kreativ, behält aber das große Ganze im Blick. Qualität hat einen hohen Stellenwert, ebenso Unabhängigkeit und unternehmerisches Denken. Neue Medien sind vertraut und werden gerne genutzt, wenn auch nicht so exzessiv wie bei den Generationen Y und Z. Babyboomer sind traditionell aufgestellt. Qualitätsbewusst und diszipliniert. Sie sind Teamplayer, die sich als Teil einer gemeinsamen Kultur verstehen, doch dazu Alleinsein im eigenen Büro wertschätzen. Im Fokus steht eher der Prozess als das Resultat. Budgets haben einen zweitrangigen Stellenwert. Bücher und Leitfäden werden bevorzugt. Neue Medien sind in der Generation nicht so etabliert, halten aber durch erlebte spielerische Leichtigkeit bei Enkelkindern Einzug in den Alltag. Wagen wir einen Ausflug zu den „Silver Workern", die vor dem Übergang ins Rentenalter sind. Hier stehen Tugenden wie Fleiß, Sparsamkeit, Zucht und Ordnung, Pflichtbewusstsein und Harmonie/Respekt im Vordergrund. Hierarchien sind klar. Konflikte werden vermieden. Loyalität, Ordnung und Gründlichkeit,

Detailverliebtheit und Strebsamkeit sind grundlegende Kompetenzen. Die Arbeit hat oberste Priorität. Die Identifizierung mit den Unternehmen bzw. dem Umfeld steht an erster Stelle. Mischen wir die Karten neu, um zu optimaler Nutzung verfügbarer Ressourcen zu kommen, könnte man den umfangreichen Fang aller vorteilhaften studentischen Werte, Lernmedien und Arbeitseinstellungen anders verteilen. Digital Natives und der Generation Z schenken wir etwas mehr Ordnung und Struktur, ein paar lohnende Bücher und Mitschriften sowie kreative Beispiele und Leitfäden zur praktischen Anwendung außerhalb der digitalen Welt, um bodenständig Fuß zu fassen. Wir zeigen ihnen, wie Nutzung von Schwarmwissen im richtigen Leben funktioniert, und unterstützen sie, sich tiefgründiger und länger mit einem Thema auseinanderzusetzen, selbst wenn sich der schnelle unmittelbare Erfolg nicht unbedingt einstellt. Der Generation X schenken wir eine gesunde Portion von dem Selbstvertrauen der Millennials und den Mut, sich tiefer in neue Medien hineinzuarbeiten und sich nicht zu alt zu fühlen. Erfahrungen trainiert man durch (Rollen-)Spiele oder mit Beispielen und tiefgründigem Studium. Hinterfragen Sie zielgerichtet und profitieren Sie vom Schwarmwissen. Der Drang, Fragen zu stellen, wird ausgelebt, indem jüngere und ältere Studierende um Unterstützung gebeten werden. Nutzen Sie Ihre Kreativität mutiger als bisher. Befreien Sie sich von dem Gedanken, alles selbst zu realisieren. Den Babyboomern unter den Studierenden schenken wir spielerische Leichtigkeit mit neuen Medien. Wir bitten darum, am Fundus des Wissens aus Büchern, Präsenzbibliotheken, Prozessablaufbeschreibungen und Leitfäden teilhaben zu dürfen. Wir profitieren von Beispielen aus dem reichhaltigen Erfahrungsschatz aus der echten Welt. Auch wenn vieles heute anders ist, fordern wir sie, ihre Erfahrungen mit den jüngeren zu teilen. Wir zeigen ihnen auf, dass

Veränderungen weder schwierig noch gefährlich sind und helfen auf die Sprünge, Erfahrungen in der virtuellen Welt zu sammeln (Eberhardt 2019). Das Miteinander im Fernstudium zu fördern ist ebenso wichtig, wie zwischen den Generationen zu vermitteln.

Virtuelle Beziehungen benötigen eine Ergänzung im direkten und persönlichen Kontakt, um die Vielfalt der menschlichen Interaktion und Kommunikation zu erfassen. Datenmanagement und statistisches Wissen nimmt an Bedeutung genauso zu, wie klare Kommunikation von Zielen und Erfahrungen im virtuellen komplexen Umfeld (Eberhardt 2019).

Ein Erfolgsrezept der Turbo-Studenten ist Teamarbeit (Grünwald et al. 2013). Im Fokus stehen radikale Offenheit, Wertschätzung und konstruktive Kritik. Effizienz wird durch Arbeitsteilung, Netzwerken und das Knüpfen von Kontakten erreicht. Generationenübergreifende Zusammenarbeit und Kooperationen (Hüttmann 2016) sind für Fernstudierende prädestiniert.

4.6 Basisausstattung: Lerntechniken der einzelnen Generationen und Hilfsmittel für Fernstudierende aller Generationen

Effiziente Lerntechniken sind eine sportliche Herausforderung. Es gibt viele Möglichkeiten. Wenn Sie schon „etwas älter" sind, überlegen Sie, wie Sie früher gelernt haben und an notwendige Informationen z. B. für ein Referat in der Schule gekommen sind. Sind Sie in die örtliche Bibliothek gegangen? Internet? Viele haben mithilfe von Büchern und ggf. Zeitschriftenartikeln das Referat zusammengestellt. Wie finden Sie Informationen, wenn Sie der jüngeren Generation angehören? Suchmaschine benutzen oder ein YouTube-Video anschauen? Haben Sie eine andere Ausarbeitung als Grundlage genommen und diese auf Ihre Bedürfnisse angepasst? Das Internet bietet eine Fülle von Möglichkeiten. Haben Sie Kinder, oder kennen Sie Schüler/junge Studierende an Präsenzuniversitäten? Schauen Sie denen einmal über die Schulter. Entdecken Sie neue Methoden und Medien, selbst wenn Sie später zu bisherigen Überzeugungen bzw. Gewohnheiten zurückkommen und weiterhin altbewährte Karteikarten nutzen. Poster sind z. B. im medizinischen Bereich ein adäquates Medium zur Präsentation. Andere schreiben auf Instagram oder in einem Blog, um Gedanken zusammenzufassen, zu veröffentlichen und sich so Wissen anzueignen. Haben Sie ein Smartphone? Wären eine (elektronische) Lernkartei, ein Hörbuch oder Filme etwas für Sie? Eine relativ selten genutzte, aber effiziente Möglichkeit, sich z. B. betriebswirtschaftliches Wissen anzueignen, sind Lernvideos von Dr. Marius Ebert. Mit seiner Spaßlerndenkmethode vermittelt er u. a. Wissen für IHK-Prüfungen (Ebert 2019).

Finden Sie geeignetes Lernmaterial, um möglichst motiviert und konzentriert zu arbeiten. Wie ticken Sie? Einen Anhaltspunkt zu kreativen Lerntechniken liefert die Auseinandersetzung mit dem Thema Homöopathie in Verbindung mit dem Schlagwort Konzentrationsschwierigkeiten. Recherchieren Sie einmal. Anhand verschiedener Arzneimittelbilder erkennen Sie krankhafte Störungsbilder im Sinne der Lehre von Hahnemann. Im nächsten Schritt entdecken Sie Eigenarten. Sie gewinnen Inspirationen und generieren ggf. Ideen für eine für Sie passende Lerntechnik.

Welchen Sinn hat dieser Abschnitt? Wundern Sie sich über den untypischen oder gar wirren Zusammenhang? Er dient dem Studium Generale, der persönlichen Horizonterweiterung. Zäumen Sie das Pferd einmal kreativ von hinten auf. Vielleicht ist es nicht Ihre Absicht, sich dem Thema Homöopathie zu widmen? Gegebenenfalls entdecken Sie aus Ihrem beruflichen bzw. thematischen Kontext unorthodoxe Zusammenhänge, die Lerninhalte einmal auf eine grundlegend andere Art und Weise zu hinterfragen und so zu neuen Erkenntnissen zu gelangen. Beschäftigen Sie sich mit Fragen? Zum Beispiel, weil Sie im Modul Statistik mit Daten konfrontiert sind? Wie kommen Sie daran, wenn Sie selbst keine Fragebögen erstellen? Wie werden Daten erhoben? Interessiert es Sie mehr, wie man einen Onlinefragebogen programmiert? Mehr verrückte Ideen und Zusammenhänge finden Sie im Übungsbuch. Ein Fachbuch für Journalisten (Haller 2001) liefert hilfreiche Ansätze, um eigene Standpunkte zu hinterfragen und zu neuen Betrachtungsweisen zu gelangen.

Literatur

Bruch H, Kunze F, Böhm S (2010) Generationen erfolgreich führen: Konzepte und Praxiserfahrungen zum Management des demographischen Wandels. Gabler, Wiesbaden

Covey SR (2016) Der 8. Weg: Mit Effektivität zu wahrer Größe, 10. Aufl. GABAL, Offenbach, S 31–32

Drucker PF (2005) Management im 21. Jahrhundert, 4. Aufl. Econ, München, S 191

Eberhardt D (2019) Generationen zusammen führen: Mit Millenials, Generation X und Babyboomern die Arbeitswelt gestalten, 2. Aufl. Haufe, Freiburg/München/Stuttgart, S 25–52, 75

Ebert M (2019) Gratis Lernimpulse für IHK-Abschlüsse. https://www.spasslerndenk-shop.ch/gratis-lernimpulse/. Zugegriffen am 02.11.2019

Grünwald R, Kopper M, Pohl M (2013) Die Turbo-Studenten: Die Erfolgsstory: Bachelor plus Master in vier statt elf Semestern. GABAL, Offenbach, S 100–127

Haller M (2001) Recherche-Werkstatt. Edition sage & schreibe, 3. Aufl. UVK, Konstanz

Hüttmann A (2016) Erfolgreich studieren mit Soft Skills. Springer Fachmedien, Wiesbaden

Illies F (2013) Generation Golf: Eine Inspektion, 13. Aufl. Fischer, Frankfurt am Main

Mörstedt A-B (2015) Erwartungen der Generation Z an die Unternehmen. https://www.pfh.de/fileadmin/Content/PDF/forschungspapiere/vortrag-generation-z-moerstedt-ihk-goettingen.pdf. Zugegriffen am 21.05.2019

Quarch C, König E (2013) Wir Kinder der 80er: Porträt einer unterschätzten Generation. Riemann, München

Scholz C (2014) Generation Z: Wie sie tickt, was sie verändert und warum sie uns alle ansteckt. Wiley-VCH Verlag GmbH & Co. KGaA, Weinheim

5

Fata Morgana? Gestörte Wahrnehmung und andere Besonderheiten

Verzerrte Wahrnehmung oder naturwissenschaftlich begründete Phänomene?

Stress engt die Wahrnehmung ein. Sehen Sie vor lauter Bäumen den Wald nicht mehr, oder meinen Sie, eine Fata Morgana zu entdecken? So wie ein physikalisches Phänomen nicht mit einer Wahrnehmungsstörung gleichzusetzen ist, so verrückt können neben Stress auch physiologische Besonderheiten bzw. Erkrankungen sowie Perfektionismus, Leistungsgedanken, Hochbegabung, Optimierungswahn und eine Scanner-Mentalität nach Barbara Sher Fernstudierende beeinträchtigen, Schreibblockaden hervorrufen und für Unordnung sorgen. Wie Sie damit umgehen, und wie es Ihnen gelingt, die Informationsflut zu bewältigen sowie Ordnung im Innen und Außen zu schaffen, lesen Sie in diesem Kapitel.

S. Lehmann, *Der Anti-Stress-Trainer für Fernstudierende*, Anti-Stress-Trainer, https://doi.org/10.1007/978-3-658-29566-0_5

5.1 Stress engt die Wahrnehmung ein

Wir nutzen Sprache, um zu generalisieren, zu tilgen oder zu verzerren (Bandler und Grinder 1998). So bringen wir unsere Sicht der Welt zum Ausdruck. Stress engt die Wahrnehmung ein und führt dazu, dass wir Dinge anders beurteilen bzw. empfinden. Haben Sie manchmal das Gefühl, eine Fata Morgana zu sehen? Grenzen Sie ganz bewusst physikalische Phänomene von Wahrnehmungstäuschungen ab. Unterscheiden Sie bewusst momentane Befindlichkeiten, physiologische Besonderheiten und Krankheitsbilder. Details finden Sie im Übungsbuch.

Man kann nicht nicht kommunizieren (Paul Watzlawik).

Wie kommunizieren Sie momentan? Falls Sie Tagebuch schreiben, dann ergibt sich die Gelegenheit, Ihre Gedanken zu analysieren. E-Mails an Freunde geben ggf. Aufschluss über unsere derzeitige Gefühlslage. Selbst kurze Botschaften über einen Messenger wie WhatsApp offenbaren, wie wir uns derzeit fühlen. Durch die Betonung einzelner Worte bzw. hinzufügen oder weglassen ergibt sich unter Umständen eine veränderte Bedeutung. Unternehmen wir dazu einen kurzen Ausflug in die Linguistik. Bandler und Grinder (1998) unterscheiden drei Hauptkategorien sprachlicher Intuitionen: Wohlgeformtheit, Konstituentenstruktur und logisch-semantische Relationen. Sie brauchen jetzt nicht sofort zum Wörterbuch zu greifen. Beziehen Sie die Erkenntnisse der Linguisten lieber auf das Fernstudium. Es wird deutlich, dass oft aus relativ simplen Sachverhalten komplexe Konstrukte und Theorien gebildet werden. Betrachten wir unsere Umwelt einerseits differenzierter, so erkennen wir Details. Aus Tagebuchaufzeichnungen lesen Sie Feinheiten zum momentanen Gefühlszustand ab. Um einen Sachverhalt grundlegend zu verstehen, reichen andererseits oft komprimierte und leicht verständliche Zusammenfassungen. Diese Erkenntnis hilft beim Lernen. Details finden Sie im Übungsbuch. Eingeengte Wahrnehmung wird u. a. in Depressionen zum Ausdruck gebracht. Weitergehende Informationen, wie Sie Notsituationen erkennen, um SOS zu funken, finden Sie in Kap. 6.

5.2 Perfektionismus: Leistungsgedanken und Optimierungswahn

Hüttmann nennt sie Studierende des Typs 3. Trotz Eifer und Obrigkeitsgehorsam bis zum Burnout gehören Overperformer nicht zu den leistungsmäßig Besten (Hüttmann 2016). Wer nur dem Drang folgt, anderen zu gefallen, oder aus Angst vermeidet, zu sich selbst zu stehen, gerät in eine perfektionistische Grundhaltung (Kaluza 2018). Der Wunsch, beliebt, anerkannt, unabhängig und frei von Schwächen bzw. Versagen zu sein, bietet viele Angriffsflächen und raubt Energie. Wer allzeit versucht, die Kontrolle zu behalten, verhält sich nicht authentisch. Diese Unnahbarkeit, die häufig bei Hochbegabten auftritt, hinterlässt bei den Mitmenschen ggf. ein Gefühl von Überheblichkeit. Dies führt zu Unsicherheit bzw. Ablehnung und Neid. Man blockiert sich selbst. Es ist nicht möglich, sowohl den eigenen als auch den Erwartungen aller Mitmenschen gerecht zu werden. Irgendjemand wird etwas dagegen haben. Barbara Sher vertritt die These, dass sich hinter der Angst zu scheitern ggf. die Furcht vor dem eigenen Erfolg verbirgt. Bringen Sie daher Ihre Gefühle nach Hause (Sher 2008b). Durchhalten haben viele in der Kindheit als Tugend erlernt.

Doch kennen wir die persönlichen Grenzen, die uns vor Überlastung schützen? Es ist kontraproduktiv, alles allein zu erledigen. Wer kein Vertrauen in die Fähigkeiten seiner Mitmenschen hat, wird sich als Führungskraft schwertun. Vorgesetzte, die Angst haben, die Kontrolle zu verlieren, verfallen in Genauigkeit bis hin zur Haarspalterei. Sie hören sich gerne reden, führen ewige Monologe bzw. Diskussionen. Reizbarkeit, Zynismus und Ungeduld sind weitere Erscheinungsformen. Verdrängen Sie das Bedürfnis nach Erholung? Oft verlangen wir von uns „nur noch mal eben" ab, dieses Projekt zu Ende bringen, weil wir das Gefühl haben, uns mal wieder nicht auf die anderen verlassen zu können? Merken Sie etwas? Wem vertrauen Sie? Nur sich selbst? Oder nicht mal das? Haben Sie die Kontrolle über die Lage längst verloren? Falls die Arbeit, familiäre Herausforderungen oder gar das Studium zum alleinigen Lebensmittelpunkt wird, ist es an der Zeit, STOPP zu sagen. Manchmal ist professionelle Hilfe sinnvoll. Definieren Sie Ihren Wert als Mensch ausschließlich über Ihre Arbeit? Kaluza (2018) bezeichnet es als klassisches Suchtverhalten. Gründe dafür sind z. B. eine unerfüllte Sehnsucht nach Anerkennung, Wertschätzung und Beachtung oder die Flucht aus der inneren Leere, Alleinsein bzw. Problemen. Mit Arbeitssucht lässt sich ein schwaches Selbstwertgefühl nicht kompensieren. Sind die Gedanken, die Ihren Stress in Beruf und Alltag verschärfen, bewusst? David D. Burns beschreibt Perfektionismus als eine Illusion (Burns 2011). Wie sehen Sie diese These? Bitte schreiben Sie in Ihr Logbuch, welche Vor- und Nachteile es für Sie hat, perfekt zu sein. Wo leisten Sie ggf. zu viel? Probieren Sie aus, mittelmäßig zu sein. Geben Sie nur 80 % nach dem Prinzip von Pareto. Oder nur 60 % oder 40 % (Burns 2011). Überlegen Sie, wie sich ein Notendurchschnitt berechnet. Eine 1,0 reißt nicht alles raus. Oft wirkt sich eine kontinuierliche 2,0 im Durchschnitt besser aus. Seien Sie sich bewusst: Niemand ist fehlerfrei. Die Versicherungsbranche lebt ebenso davon wie Reparaturwerkstätten und andere, die z. B. Unfallschäden beseitigen. Niemand kommt auf die Welt und weiß alles. Sie haben im Lauf Ihres Lebens vermutlich Laufen, Schreiben, Autofahren usw. gelernt? Welche Gedanken kommen Ihnen bei dieser Idee? Bitte notieren Sie Ihre inneren Widerstände in Ihr (goldenes) Logbuch. Optimierungsbedarf gibt es an vielen Stellen. Wie oft werden Sie mit Angst vor Ablehnung konfrontiert, wenn Sie zu wenig leisten bzw. den Erwartungen von Vorgesetzten, dem Partner, Kindern usw. nicht gerecht werden? Was wäre, wenn? Im Übungsbuch finden Sie Arbeitsblätter, mit denen Sie perfektionistische Wesenszüge genauer analysieren und Prozessziele festlegen. Die systematische Arbeit mit Ihrem Bullet Journal hilft gegen Perfektionismus. Sie treffen damit die Entscheidung für ein bewusstes Leben nach den eigenen Wünschen. Turbo-Studenten erstellen z. B. sonntags einen verbindlichen Wochenplan für sich und für das Team (Grünwald et al. 2013). Lenken Sie Ihren Perfektionismus eher in Richtung multisensorisches Lernen. Das heißt auf die besten und effizientesten Methoden, mit allen Sinnen und lerntypspezifisch (Grünwald et al. 2013). Enttarnen Sie Ihr „Alles-oder-nichts-Denken" (Burns 2011).

5.3 Hochbegabung

Nach Webb et al. wird unter Hochbegabung ein komplexes Zusammenspiel verschiedener Verhaltensweisen in ggf. unterschiedlicher Ausprägung verstanden. Dazu gehören die allgemein intellektuelle Begabung, spezifische akademische Fähigkeiten, kreatives Denken sowie bildende oder darstellende Künste und Führungsqualität. Ob Hochbegabte einen besonderen Förderbedarf bzw. ein signifikant höheres Risiko für soziale und emotionale Schwierigkeiten haben, wird kontrovers diskutiert. Einige passen sich an, werden ggf. schon als Kind in ihre Schranken verwiesen und sollen sich fügen. Hieraus ergibt sich die Gruppe der Underachiever bzw. diverse psychische Störungen durch auffälliges Verhalten, wie z. B. ähnlich AD(H)S (Webb et al. 2015), werden diagnostiziert. Die Betroffenen haben in ihrem persönlichen Umfeld Probleme oder werden als Verursacher von Problemen im Miteinander verantwortlich gemacht. Typische Merkmale intelligenter bzw. hochbegabter Kinder und Erwachsener sind bei vielen Therapeuten und Pädagogen oft wenig bekannt. Brackmann bringt es auf den Punkt, indem sie Hochbegabung vereinfacht als „mehr von allem", also mehr denken, fühlen und wahrnehmen beschreibt (Brackmann 2008). Liegt hier die Vermutung nahe, dass unter Fernstudierenden ein höherer Anteil besonders begabter Menschen zu finden ist? Brackmann merkt an, dass sich dieser Personenkreis in geruhsamer Umgebung wohler fühlt und lieber allein für sich ist. Viele wurden ggf. bisher nicht entdeckt, da die Forschung in diesem Bereich erst in den letzten Jahren an Bedeutung gewonnen hat. Wäre es möglich, dass sich Underachiever erst in höherem Alter für ein Fernstudium entscheiden, weil sie ein intrinsisches Bedürfnis nach „mehr" verspüren? Viele sind durch einen monotonen Arbeitsalltag gelangweilt, plagen sich mit chronischer Unzufriedenheit durch ihr Berufsleben und haben ein inneres Verlangen, mehr zu leisten und zu erreichen. Arbeiten Underachiever als durchschnittliche Arbeitskräfte, z. B. als Sachbearbeiter, fühlen sie sich ggf. zu höheren Aufgaben berufen, um selbstständig und komplexer zu arbeiten. Unterforderung kann krank machen, nicht nur bei Hochbegabten. Das Thema Boreout steht derzeit noch im Schatten von Burnout, gewinnt aber an Bedeutung. Die eigene Zerstreutheit nimmt bei schlauen Menschen ab, wenn sie sich hochkonzentriert mit vielen Dingen gleichzeitig beschäftigen, so Brackmann. Andere könnten die Erfahrung sammeln, ähnlich wie Asterix ihre Mitmenschen aus den Schuhen zu hauen, wenn sie ihren beruflichen Alltag durch proaktives Verhalten aus Flucht vor Langeweile bereichern. Wenn sie sich mit Themen beschäftigen, die nur am Rande zu ihrem Aufgabengebiet gehören, stößt dies ggf. auf Unverständnis bei den Kollegen und Vorgesetzten. „Haben Sie nichts anderes zu tun?" Tangieren Hochbegabte ein Thema nur, das nicht zu ihrem Aufgabengebiet gehört, führt dies zu Ablehnung. Brackmann benutzt den Begriff Asterix-Phänomen. Darüber hinaus schreibt sie, dass Hochbegabte oft Meister im Austüfteln von Ideen und Stümper bei der Ausführung sind. Auch diese Eigenart und ggf. überhöhte Ansprüche können den Wunsch wecken, mehr zu lernen, um auf Dauer in einer Position mit mehr Verantwortung und Ausgestaltungsmöglichkeiten zu arbeiten, in der Delegieren unliebsamer Aufgaben erlaubt bzw. sogar erwünscht ist. Vielleicht ist es auch der Versuch, mit einem Fernstudium das eigene Energiepotenzial sinnvoll zu kanalisieren, um bei Unterforderung im beruflichen Alltag die überschüssige Energie sinnvoll zu nutzen, statt diese gegen sich selbst und/oder andere zu richten? Brackmann nennt es Passung (Brackmann 2008). Ausführlichere Informationen zum Thema Hochbegabung im Fernstudium finden Sie im Übungsbuch.

5.4 Scanner-Mentalität nach Barbara Sher

Sind Sie ein Scanner? Ob hochbegabt oder nicht, sind Sie jemand, der anders denkt? Haben Sie viele Hobbys, Vorlieben und Ideen? Ab und zu verlieren Sie die Lust, an einzelnen Projekten, die zuvor wichtig waren, weiterzumachen? Fällt es Ihnen manchmal schwer, sich zu entscheiden? Oder haben Sie Schwierigkeiten, sich auf eine Sache festzulegen und für den Moment klare Prioritäten zu setzen? Haben Sie neben Ihrem Fernstudium 1000 andere Ideen? Spezialisierung finden Sie einerseits gut, doch quält Sie damit verbunden das Gefühl, Sie schränken sich selbst gegenüber anderen Ideen ein und langweilen sich auf Dauer, wenn Sie im Studium z. B. nicht mehr als ein Modul gleichzeitig bearbeiten? Das Aufgeben der zweiten oder gar einer dritten oder vierten Idee kommt einem gewaltigen Verlust gleich? Sind Sie ein Multitalent, oder wurschteln Sie sich immer nur so durch und bringen nichts zu Ende, wofür Sie Ihre Mitmenschen häufig kritisieren und Sie sich dafür selbst oft enorm ins Gericht nehmen? Müssen Sie sich überhaupt entscheiden? Ellis bezeichnet dieses Phänomen als Musturbation (Burns 2011), als geistige Falle, der Sie immer wieder zum Opfer fallen. Zahlreichen Menschen auf dieser Welt mangelt es an Ideen und damit verbunden an Gestaltungsoption, mangels Alternativen eine Entscheidung zu treffen. In den Augen vieler gibt es oft keine Möglichkeiten, bzw. man möchte sie nicht sehen. Wann entscheiden Sie sich für die dritte Alternative, um es mit den Worten von Stephen R. Covey zu formulieren? Covey beschreibt detailliert, wie Sie Ihren Wochenplan in Einklang mit Ihrem Leitbild bringen und dazu die Kraft der vollständigen Vision über alle Lebensbereiche nutzen (Covey 2014). Haben Sie bisher kein persönliches Leitbild entwickelt, weil Sie Kap. 3 übersprungen haben? Dann holen Sie dies jetzt nach.

> Das Problem ist nur, dass Scanner im Süßwarenladen verhungern. Sie denken, dass sie nur von einer Süßigkeit naschen dürfen. Dabei wollen sie von allen naschen. Wenn sie sich zu einer Entscheidung durchringen, sind sie ewig unzufrieden. Doch in der Regel treffen Scanner gar keine Entscheidung Und es geht ihnen nicht gut dabei (Sher 2008a).

Ein „Vielseitigkeitsproblem“ und „die strategisch sinnvolle Planung der nächsten Schritte“ haben auch die Topmanager in der Wirtschaft. Was möchten Sie von denen lernen? Wie schaffen Sie es zudem, Ihre unendliche Neugier kontinuierlich und sattmachend zu stillen? Wenn Sie Ihren Wissensdurst versuchen zu zügeln, einzuschränken oder gar zu ignorieren, dann besteht die Möglichkeit, dass Sie unausstehlich werden und eine Zumutung für Ihre Mitmenschen sind. Wie grenzt sich ein Scanner von einer depressiven Person bzw. einem Menschen mit ADS ab?

> Eine unbändige Neugier auf eine Vielzahl von Themen, die in keinerlei Zusammenhang miteinander stehen, ist eines der grundlegenden Merkmale eines Scanners. Scanner sind unendlich wissbegierig. Eines der Hauptsymptome einer Depression ist das beständige Gefühl der Unlust (Sher 2008a).

Bei einer ADS-Attacke, die eher einen vorübergehenden Ausnahmezustand beschreibt, ist nach Meinung von Barbara Sher

> mein Geist vernebelt, und es fällt mir schwer, dem zu folgen, was ich tue.

Das Instrument von Barbara Sher, alles unter einen Hut zu bekommen, ist ein Scanner-Projektbuch (Sher 2008a). Es hat große Ähnlichkeit mit dem (goldenen) Logbuch. Der Anblick der Notizbücher von Leonardo da Vinci liefert zusätzliche Inspirationen (Dickens und Scholz 2006), Logbücher individuell zu gestalten. Mehr zum Thema Scanner finden Sie bei Sher (2008a), Bauer (2017) und Heintze (2016).

5.5 Physiologische Besonderheiten mit und ohne Krankheitswert

In Seenot geraten Sie z. B. durch AD(H)S bei Erwachsenen, KPU/HPU bzw. eine Mitochondriopathie. Probleme mit der Halswirbelsäule aufgrund von Nackenverspannungen können ebenso beeinträchtigen wie bisher nicht diagnostizierte Erkrankungen. Während bei Stresssymptomen viele z. B. an Migräne oder Magengeschwür denken, wären auch eine Parodontitis, Probleme mit den Zähnen bzw. Knirschen mit dem Kiefer, eine Störung der Funktion der Schilddrüse, Vitamin-, Mineralstoff- sowie Enzymmangel oder Morbus Menière eine Erklärung für wiederkehrende unspezifische Beschwerden, die Ihre Leistungsfähigkeit mindern. Frauen kann PMS bzw. PMDS treffen. Nicht jedes zunächst unerklärliche Symptom muss zum Burnout führen oder vermeintlich ein Anzeichen dafür sein, wenn Ärzte durch ökonomisierte Kassenmedizin und zu wenig Zeit für die Anamnese der Patienten keine körperliche Ursache feststellen.

Falls Sie zur Spezies Jäger und Sammler bzw. Messie gehören, erschwert dies das Fernstudium ebenso wie Aufschieben (Prokrastination). Haben Sie das Gefühl, mit Ihren Herausforderungen permanent überfordert zu sein, scheuen Sie sich nicht, medizinische bzw. therapeutische Hilfe in Anspruch zu nehmen.

5.6 Optimistisch die Informationsflut bewältigen

Material gibt es in Hülle und Fülle. Einen Sachverhalt aus unterschiedlichen Blickwinkeln zu betrachten und die Ausführungen mehrerer Autoren zu einem Thema einzubeziehen, endet schnell im materiellen bzw. digitalen Chaos oder in Schreibblockaden. Leerer Schreibtisch? Fehlanzeige. Ein freier Platz im Regal, ggf. sogar in zweiter Reihe, ist nicht mehr aufzutreiben. Am Ende beherrscht ggf. selbst das Genie sein Chaos nicht mehr und ist irgendwann zu faul zum Suchen. Ausgehend von der Tauchausrüstung für Schatzsucher hilft es, sämtliche Studieninhalte im Überblick und die später zu erarbeitenden Studienhefte genau im Blick zu haben. Dabei hilft:

1. Studienhefte grob lesen und einen Laufzettel für Ordner anlegen.
2. Formular „Meine Fragen an das Buch" ausfüllen je Titel, der zitiert bzw. erwähnt wurde, der Ihre Aufmerksamkeit erregt.
3. Literatur **recherchieren**/herunterladen, ggf. vorbestellen, ausleihen oder kaufen.
4. Bücher in der (Uni-)Bibliothek querlesen, Einzelseiten scannen und überlegen, was Sie ausleihen wollen.
5. Ablage von Quellen in Citavi. Diese zum Lesen ggf. ausdrucken und mit „C6-Vermerk" versehen, um das Papier später einem Projekt zuzuordnen.
6. Zielgerichtet die Fallaufgabe lösen bzw. die Klausur vorbereiten.
7. „Merk-würdige" Inhalte ggf. später nochmal verwenden für die Thesis bzw. ein Buchmanuskript.

Wer in großem Bogen studiert (Hüttmann 2016) und sein Gesamtkunstwerk kontinuierlich ergänzt (Rau 2016) bzw. nach dem System des Zettelkastens von Niklas Luhmann arbeitet (Fakultät für Soziologie der Universität Bielefeld 2019; Universität Bielefeld 2015), blickt bald auf einen großen Wissens- und Erfahrungsschatz. Gut organisiert und sinnvoll abgelegt finden Sie jederzeit (fast) alles wieder. Verwalten Sie Ihren Wissensschatz nicht nur, sondern nutzen Sie ihn aktiv. Wenden Sie das Gelernte gezielt im beruflichen Alltag bzw. in Ihrem Leben an.

Literatur

Bandler R, Grinder J (1998) Metasprache und Psychotherapie, 9. Aufl. Junfermann, Paderborn, S 44–47

Bauer A (2017) Vielbegabt, Tausendsassa, Multitalent? Achtsame Selbstfürsorge für Scannerpersönlichkeiten. Junfermann, Paderborn

Brackmann A (2008) Ganz normal hochbegabt: Leben als hochbegabter Erwachsener, 3. Aufl. Klett-Cotta, Stuttgart, S 15–21, 162

Burns DD (2011) Feeling good – Depressionen überwinden und Selbstachtung gewinnen: Wie Sie lernen, sich wieder wohlzufühlen, 3. Aufl. Junfermann, Paderborn, S 109, 285–288, 302–307

Covey SR (2014) Der Weg zum Wesentlichen: Der Klassiker des Zeitmanagements, 7., erw. Aufl. Campus, Frankfurt, S 77–99, 101

Dickens E, Scholz A (Hrsg) (2006) Das Da-Vinci-Universum: Die Notizbücher des Leonardo. Ullstein, Berlin

Fakultät für Soziologie der Universität Bielefeld (2019) Forschungsprojekt „Niklas Luhmann – Theorie als Passion". https://www.uni-bielefeld.de/soz/luhmann-archiv/. Zugegriffen am 01.11.2019

Grünwald R, Kopper M, Pohl M (2013) Die Turbo-Studenten: Die Erfolgsstory: Bachelor plus Master in vier statt elf Semestern. GABAL, Offenbach, S 111–112

Heintze A (2016) Auf viele Arten anders: Die vielbegabte Scanner-Persönlichkeit: Leben als kreatives Multitalent. Ariston, München

Hüttmann A (2016) Erfolgreich studieren mit Soft Skills, Bd 154. Springer Fachmedien, Wiesbaden, S 157–162

Kaluza G (2018) Gelassen und sicher im Stress: Das Stresskompetenz-Buch: Stress erkennen, verstehen, bewältigen, 7. Aufl. Springer, Berlin/Heidelberg, S 83–86

Rau H (2016) Der „Writing Code“: Bessere Abschlussarbeiten in kürzerer Zeit, Bd 17. Nomos, Baden-Baden, S 152–155

Sher B (2008a) Du musst dich nicht entscheiden, wenn du tausend Träume hast. dtv, München, S 25–33

Sher B (2008b) Ich könnte alles tun, wenn ich nur wüsste, was ich will, Bd 90. Weltbild, Augsburg, S 171

Universität Bielefeld (2015) Einblicke in das System der Zettel – Geheimnis um Niklas Luhmanns Zettelkasten

Webb JT, Amend ER, Webb NE, Goerss J, Beljean P, Olenchak FR (2015) Doppeldiagnosen und Fehldiagnosen bei Hochbegabung: Ein Ratgeber für Fachpersonen und Betroffene. Huber, Bern, 34–35, 83–92

6

SOS – Notsituation erkennen und um Hilfe bitten

Notsituation erkennen und Möglichkeiten nutzen

In diesem Kapitel gibt es Tipps, eine missliche Lage wahrzunehmen. Sie lernen SOS zu funken, Leuchtfeuer zu zünden, Schwimmwesten anzulegen und ins Rettungsboot zu steigen. Gehen Sie nicht mit der Titanic unter. Wer sich eingesteht, es allein nicht mehr zu schaffen, um Hilfe bittet und annimmt, geht mutig voran. Wenn kreative Pausen null Erholung bringen oder sogar ein schlechtes Gewissen verursachen, Konzentrationsschwierigkeiten uns an Fähigkeiten und Leistungsvermögen zweifeln lassen und körperliche Beschwerden wie z. B. Kopf-, Nacken- und Magenschmerzen hinzukommen, ist es Zeit, genauer hinzuschauen. Ja, aber nicht jetzt? Wenn dieser Einwand im Ohr klingt, sofern es bis dato kein Tinnitus ist, dann erst recht! Rauben Gedanken an Vorgesetzte, die riesige Menge unerledigter Arbeit oder Leistungs- und Erwartungsdruck den nächtlichen Schlaf und gehen Sie Ihren Mitmenschen mit ständigem Jammern, Frust oder Zynismus auf die Nerven … STOPP.

S. Lehmann, *Der Anti-Stress-Trainer für Fernstudierende*, Anti-Stress-Trainer, https://doi.org/10.1007/978-3-658-29566-0_6

Stranden Sie für ein bis zwei Stunden auf einer einsamen Insel. Allein. Ziehen Sie sich zurück. Machen Sie eine Bestandsaufnahme, was Sie im Alltag nervt. Welche Trigger-Punkte gibt es? Stellen Sie sich dazu Fragen, wenn Sie – mal wieder – in eine Situation geraten, die Ihnen aus dem Ruder zu laufen droht. Was passiert? Eine möglichst objektive Situationsbeschreibung hilft, den Sachverhalt zunächst aus einer Metaposition zu betrachten. Was würde ein Außenstehender beobachten? Im zweiten Schritt folgen die subjektive Wahrnehmung sowie die Einordnung und persönliche Interpretation des Geschehens:

- Wie reagiere ich? Was denke und fühle ich? Was denkt es in mir? Benennen Sie, was Sie fühlen. Ordnen Sie den Emotionen einen Überbegriff zu wie Ärger, Wut, Angst usw.
- Was sehe ich auf mich zukommen? Was könnte/wird passieren? Woher kennen Sie das ggf. schon? Benennen Sie ggf. ähnliche erlebte Situationen.

Prüfen Sie, ob Ihnen in der aktuellen Situation ggf. Persönlichkeitseigenschaften wie Ungeduld, Perfektionismus, Hochbegabung, Hochsensibilität, Einzelkämpfermentalität, Streben nach Profilierung, ausgeprägter Selbstdarstellung oder zwanghafter Kontrolle, ein übertriebenes Harmoniebedürfnis, Machtstreben bzw. Abgrenzung und andere – ergänzt in Anlehnung an Kaluza (2018) – im Weg stehen und Ihren Stress verstärken.

6.1 Anleitung zur Selbsthilfe: Rettungswesten anlegen und Boote besteigen

Wie gehen Sie mit Frust, Wut und Ärger bzw. Versagensängsten um? Das Thema ist umfangreich und nähert sich dem therapeutischen Bereich. Daher sei nur erwähnt, dass, sofern ein positiver Blick auf die Herausforderung mit einer zielgerichteten Herangehensweise nichts nützt, therapeutische Hilfe sinnvoll sein kann. Hilfreiche Literatur wie von David D. Burns (2011) überbrückt die Wartezeit bis zu einer Psychotherapie. Sein Untertitel „Wie Sie lernen, sich wieder wohlzufühlen“ sagt alles. Definieren Sie schriftlich, was für Sie ein sehr gutes, mittelprächtiges bzw. unbefriedigendes Ergebnis ist. Lautet Ihr Motto „Vier gewinnt“? Oder haben Sie den Anspruch, die Eins vor dem Komma zu haben? Was ist realistisch in der zur Verfügung stehenden Zeit? Wie wichtig ist diese Klausur bzw. Fallaufgabe? Wie viel Prozent der Gesamtnote macht eine Teilnote aus? Prüfen Sie, welcher Aufwand hier für Sie persönlich gerechtfertigt ist. Probieren Sie, mit positiven Affirmationen zu arbeiten. Prasselt Druck von außen – wie Wind und Wetter – oder selbst verursacht von innen auf Sie ein? Ist es Vorschusslob vom Chef, was Sie nötigt? Lob als ermutigende Worte? Oder mit üblem Beigeschmack? Ein Hauch von Neid und Eifersucht? Faktisch von außen oder doch innerlich hausgemacht? Ist es der eigene Perfektionismus? Oder Zeitdruck aufgrund anderer Prioritäten? Sind es persönliche hohe Erwartungen, weil man ein Lieblingsthema bearbeitet oder man auf dem Gebiet vor dem Studium schon viele Weiterbildungen absolviert hat? Besinnen Sie sich auf den routinierten Ablauf für den Notfall und haben Sie vorausschauend Plan B und C im Hinterkopf. Falls Sie dazu neigen, sich grundsätzlich zu viele Gedanken zu machen, ist der Klassiker von Dale Carnegie zu empfehlen: *Sorge dich nicht, lebe* (Carnegie 2011). Seine Essenz in komprimierter Form: Worüber sorge ich mich? Schreiben Sie es auf, entwickeln Sie Ideen, und tun Sie es. „Was kann schlimmstenfalls passieren?“ Ich finde mich damit ab, wenn ich nicht die Möglichkeit habe, es abzuwenden? Ist es eine unwichtige Kleinigkeit? Geht es schief, oder tritt es überhaupt ein? Lassen Sie die Vergangenheit ruhen. Leben Sie heute im Hier und Jetzt. Sorgen Sie gut für sich, statt zu grübeln. Nehmen Sie Kritik anderer nicht zu Herzen. Genießen Sie Neid, denn Sie sind auf dem richtigen Weg. Kommen Sie in Flow und überlegen Sie, was Sie daraus lernen. Stellen Sie für sich klare Arbeitsregeln auf. Wenn Sie müde sind, gönnen Sie sich Pausen, sparen Sie Energie und sagen Sie NEIN. Bei Geldsorgen schreiben Sie die Ausgaben auf, legen Sie ein maßgeschneidertes Budget an und geben Sie nur vorhandenes Geld auf vernünftige Weise aus. Anhand der Ideen von Dale Carnegie wird deutlich, wie wichtig es ist, die volle Übersicht und Kontrolle und damit die Verantwortung für sich selbst zu übernehmen. Das befriedigt das persönliche Sicherheitsbedürfnis. Willi Railo (1986) benutzt in diesem Zusammenhang die Metapher eines sicheren und stabilen Unterbaus, den man für den Abschuss einer Rakete benötigt. Es gibt viele unterschiedliche Möglichkeiten, zu einer inneren Ruhe und Gelassenheit zu finden. Lesen Sie bei Bedarf zum Thema Resilienz nach. Manche haben z. B. positive Erfahrungen mit Yoga oder Klangschalen gesammelt. Anderen hilft es, sich im Fitnessstudio, mit Pilates, Joggen oder diversen Sportarten auszupowern. Ähnlich wie Leistungssportler stehen Fernstudierende im Rampenlicht. Negative Kritik und Neid, z. B. von Kollegen oder Vorgesetzten, sowie hohe oder überhöhte Leistungsansprüche an sich selbst gehören dazu. Umso wichtiger ist es, ein gesundes Selbstwertgefühl zu haben, um sich auch in turbulenten Zeiten sicher zu fühlen. Haben Sie den Mut, gegen den Strom zu schwimmen.

> Es ist einfacher, an sich selbst zu glauben, wenn andere es tun (Railo 1986, S. 71).

Suchen Sie sich ggf. ein anderes Umfeld. Es ist wichtig, dass Ihr Engagement, Ihre Leistung sowie Ihr Wert als Mensch Wertschätzung erfahren. Ständiger Neid, permanente Kritik und negative Gegebenheiten schaden. Belastenden Gedanken und Emotionen ausgesetzt zu sein, raubt Energie. Wichtig ist, dass man seine Leistung von sich selbst als Person bewusst trennt. „Aber wir leben doch heute in einer knallharten Leistungsgesellschaft?" Manchmal hilft es, sich mit diesem Gedanken intensiver auseinanderzusetzen. Jeder hat einen Wert – als Mensch. Werden Sie sich dessen bewusst. Man lernt, den Wert von der eigenen Leistungsfähigkeit abzugrenzen. Fällt das schwer? In Anlehnung an Railo (1986) (es sind natürlich alle Geschlechter gemeint, wobei ich „Sportler" durch „Fernstudierende" und „sportlichen" durch „studentischen" Erfolg ersetzt habe) folgende Vorschläge:

> Bei vielen **Fernstudierenden** hängt das Selbstbild, das Selbstvertrauen und auch die Stimmung von der jeweiligen Leistung ab. Wenn sie erfolgreich sind, hebt sich die Stimmung, alles erscheint einfach. Bei Mißerfolg hingegen sinken Stimmung und Selbstvertrauen. Die Prozesse wechseln sich ab. Wie gerade beschrieben, ist der **Fernstudierende** dadurch ein Opfer seiner eigenen Leistung. Seine Verfassung wird bestimmt von dem **studentischen** Erfolg. Wichtig ist aber, die Kontrolle zu behalten. Also müssen wir vermeiden, daß Stimmung und Selbstvertrauen an einen Faktor gekoppelt sind, der sich unabhängig von unserem Willen verändert – die Leistung. Leistung verläuft wellenförmig – mal gut, mal schlechter – unabhängig von der Person.

6.2 Schiffbruch erleiden und Rettung aus dem kalten Wasser

Burnout bzw. Boreout trifft mich nicht? Auch wenn Burnout erst ab 2022 von der WHO im Katalog der anerkannten Erkrankungen als Faktor eingestuft, statt als Krankheit anerkannt wird (Spiegel online 2019), lässt sich ein Zustand der Überlastung mit körperlicher und seelischer Erschöpfung meist nicht leugnen. Mitmenschen sehen es oft früher als man selbst kommen, dass der Knackpunkt bald erreicht sein wird. Doch seien wir mal ehrlich: Hört man zu diesem Zeitpunkt auf gutgemeinte Rat-Schläge? Nein. Der Weg ins Verderben ist quasi vorprogrammiert, solange wir nicht selbst die weiße Flagge hissen und uns eingestehen, dass nichts mehr geht. Manch einer macht dann die Erfahrung, dass liebe Mitmenschen zutiefst erleichtert sind und dazu bei ihnen die Anspannung endlich nachlässt. Oft ist es der Gang zum Hausarzt, eine fiebrige Erkältung oder z. B. heftige Rücken- oder Magenschmerzen, die uns, sobald wir zur Ruhe finden, den Boden unter den Füßen wegreißen. Andere brechen am Arbeitsplatz oder in einer Klausur unverhofft in Tränen aus oder klappen zusammen.

Lassen Sie es nicht so weit kommen. Ziehen Sie vorher selbst aktiv die Reißleine. Stellt der Arzt die Frage, ob Sie ggf. depressiv sein könnten? Ja, bis die WHO Burnout als eigenständige Erkrankung ins Portfolio aufnimmt, wird es in vielen Fällen auf Diagnoseschlüssel F42 oder F43 hinauslaufen. Was heißt das? Akute Belastungsreaktion bzw. depressive Episode. Recherchieren Sie nach den Symptomen. Haben Sie es niemals für möglich gehalten, dass körperliche Beschwerden ohne organische Ursache eine Depression sein könnten? Falls Sie sich krank fühlen, holen Sie sich dringend professionelle medizinische Unterstützung. Glauben Sie nicht daran, dass unaufgefordert Hilfe zu Ihnen kommt. Selbst wenn jemand Ihre aussichtslose Situation bemerkt, ist es schwierig, Betroffene darauf hinzuweisen. Seien wir mal ehrlich: Die Chance, dass man sich persönlich angegriffen fühlt, die missliche Lage bagatellisiert oder zu leugnen versucht, ist groß. Diese Reaktion ist charakteristisch für ein Burnout. Diejenigen, die es erkennen, wissen das. Daher wird kaum jemand die Konfrontation mit Ihnen suchen.

Hand aufs Herz? Wo stehen Sie momentan? Falls Sie dieses Kapitel lesen, könnte ein desolater Zustand schon recht weit fortgeschritten sein. Warten Sie nicht auf Hilfe! Zünden Sie ein Leuchtfeuer, und haben Sie den Mut, sich aktiv Unterstützung zu suchen und diese anzunehmen. Ein Burnout ist keine Schande, sondern (demnächst) ein Erkrankungsbild mit ICD 11-Code wie ein gebrochenes Bein oder eine Blasenentzündung.

Eine Möglichkeit zur unterstützenden Selbsthilfe für die Zeit Ihrer Genesung und Rettung aus dem eisigen Wasser, aus Frust, Verzweiflung, der Eintönigkeit eines eingefahrenen Alltags, Langeweile und lähmender Müdigkeit, kann ein kreativer Neubeginn sein. Ein faszinierendes Projekt zu beginnen und mehr und mehr aufregende Dinge zu tun, kann – so Barbara Sher – eine Lösung sein (Sher 2008). Tun Sie endlich das, wonach sich Ihr Herz all die Jahre gesehnt hat, was Sie für utopisch gehalten haben, es überhaupt zu versuchen. Vergessen Sie Konventionen, vielleicht auch mal Ihre „gute" Erziehung und die eingefahrenen, von Kindheit anerzogenen Glaubenssätze, die heute nicht mehr zu Ihnen passen. Die Welt verändert sich.

> Nichts ist beständiger als der Wandel (Heraklit bzw. Charles Darwin).

> Wenn du das tust, was du immer getan hast, wirst du nur das bekommen, was du schon immer hattest.
>
> Momente der Entscheidung formen unser Schicksal.
>
> Wenn du nicht kannst, dann musst du! Und wenn du musst, dann kannst du auch! (Robbins 2020).

Ich wünsche Ihnen ganz viel Mut, eine eingefahrene Situation möglichst zügig wahrzunehmen und sich zeitnah um Hilfe zu kümmern. Probieren Sie es aus. Mir hat die Essenz von Barbara Sher neue Wege geebnet.

Literatur

Burns DD (2011) Feeling good – Depressionen überwinden und Selbstachtung gewinnen: Wie Sie lernen, sich wieder wohlzufühlen, 3. Aufl. Junfermann, Paderborn

Carnegie D (2011) Sorge dich nicht – lebe! Die Kunst, zu einem von Ängsten und Aufregungen befreiten Leben zu finden. Fischer-Taschenbuch, Frankfurt am Main

Kaluza G (2018) Gelassen und sicher im Stress: Das Stresskompetenz-Buch: Stress erkennen, verstehen, bewältigen, 7. Aufl. Springer, Berlin/Heidelberg, S 75–88

Railo W (1986) Besser sein wenn's zählt: Wegweiser zum Erfolg in Sport und Beruf. Pagina, Friedberg, S 71, 72

Robbins A (2020) Zitate von Anthony Robbins. https://gutezitate.com/autor/anthony-robbins. Zugegriffen am 27.04.2020

Sher B (2008) Du musst dich nicht entscheiden, wenn du tausend Träume hast. dtv, München, S 91–92

Spiegel online (2019) WHO definiert Burn-out erstmals als Syndrom. https://www.spiegel.de/gesundheit/diagnose/burn-out-durch-arbeitsbelastung-von-who-erstmals-als-syndrom-definiert-a-1269543.html. Zugegriffen am 14.12.2019

Nachwort

Danke, Waldemar. Du hast mir mit deinem ziemlich aus dem Ärmel geschüttelten Zitat sooo viel gegeben. Es sind manchmal die kleinen Impulse, die so kostbar sind.

> Habe Dinge angefangen, habe Dinge aufgehört. Konnte nirgends angelangen, hat mich das so oft gestört. Habe studiert Finanzerei, NLP und leider auch die Philosophie. Da steh ich nun ich armer Tor und bin so klug als wie zuvor (Waldemar Tuttas).

Das große Ganze, was „die Welt im Innersten zusammenhält", frei nach Goethes Faust, hat keines der oben genannten Wissensgebiete geliefert. Das fehlende Puzzleteil, der rote Faden, der alle Bereiche verbindet, ist gefunden.

Was nützt eine Verkürzung der Arbeitszeit in einem Umfeld, in dem man sich nicht wohlfühlt. Ein sinnvoller Zwischenschritt? Wichtig ist, zu ergründen, was in uns vorgeht. Füllt Sie Ihre Arbeit aus? Sind Sie mit Spaß dabei? Unternehmenskultur spielt eine wichtige Rolle. Stellen Sie fest,

S. Lehmann, *Der Anti-Stress-Trainer für Fernstudierende*, Anti-Stress-Trainer, https://doi.org/10.1007/978-3-658-29566-0

dass man sich bis zur Erschöpfung verausgabt? Wie hoch ist die Fluktuation? Arbeit nur zur Existenzsicherung in Kombination mit Schmerzensgeld?

Ich habe meinen persönlichen Weg gefunden, mit dem Wandel der Zeit, den eigenen und fremden Erwartungen oder Ansprüchen, dem hausgemachten Perfektionismus und den tief in mir schlummernden Träumen und Wünschen umzugehen. In Zeiten, in denen ich kurz davorstand, aus dem Frust des Alltags alles hinzuschmeißen, habe ich meine Kreativität geweckt, Kraft für Veränderungen aus ihr geschöpft und mich für ein paar Tage ins Kloster verzogen, obwohl ich nur wenig religiös bin. Meine Ideen habe ich dort in schöpferischer Art und Weise zum Ausdruck gebracht. Ich nenne es Veränderungskreativität ©. Für mich ist sie eine unheimliche, kreative und unendliche Kraftquelle, die aus mir heraus, intrinsisch motiviert, exponentiell wächst. Je mehr ich sie herausfordere, desto mehr gibt sie mir zurück. Neben meinem kreativen Leben gibt es einen „normalen Alltag", sodass ich das Gefühl hatte, mich auszubremsen. Es war im Mai 2018. Die Sonnenstrahlen, sommerliche Wärme, einige Hitzegewitter und Starkregen, Hagel und ein kleiner Tornado quer durchs Dorf haben mich wachgerüttelt. Die Zeit war reif, meine tief in mir schlummernde Veränderungskreativität © mehr und mehr zu wecken.

Ich wünsche Ihnen einen wunderbaren und kreativen Weg erfüllender Veränderungen, mindestens bis zum Bachelorhut.

Im Übungsbuch finden Sie u. a. folgende Inhalte:

- Me(e/h)r
- Verrückte Ideen, Kreativmethoden und Softskills – fernstudiumorientiert.
- Selbstvertrauen, Rhetorik und Verhandlungskunst für angehende Führungskräfte.
- Stresskompass – praxisorientiert für Fernstudierende.
- Studium Generale, in großem Bogen studieren – praxisorientiert und Schlüsselqualifikationen für Fernstudierende.
- Gibt es **ETWAS(Z)**, das Sie antreibt?
- Vom Minimalismus bzw. Messie über Perfektionisten hin zum Optimalismus.
- Detaillierte, prozedural auf ein Studienmodul angewandte Checklisten und Beispiele.
- Wie Sie Visionscollagen nach der Idee von Karl Wiesner gestalten und ein persönliches Leitbild für Fernstudierende im Detail ausformulieren.
- Wie Sie aus Ihren Tagebuchaufzeichnungen lernen und wachsen.
- Möglichkeiten, Ordnung zu schaffen – im Arbeitszimmer, im häuslichen Umfeld und im Leben als angehender Akademiker.
- Hinweise zum Cloud-basierten gemeinsamen Arbeiten.
- Speed Reading und gehirngerechtes Lesen.
- Schreibblockaden überwinden und gehirngerechtes Arbeiten.
- Fernstudienaufgaben nicht anpacken – Praxisbeispiel mit Ideen zur Lösung.
- Kreativ optimierte klassische Regeln wissenschaftlichen Arbeitens.
- Eine am Fernstudium orientierte Berufs- und Karriereplanung.
- (Unentdeckte) Hochbegabung im Fernstudium.
- Und vieles mehr.

Stichwortverzeichnis

S. Lehmann, *Der Anti-Stress-Trainer für Fernstudierende*, Anti-Stress-Trainer, https://doi.org/10.1007/978-3-658-29566-0

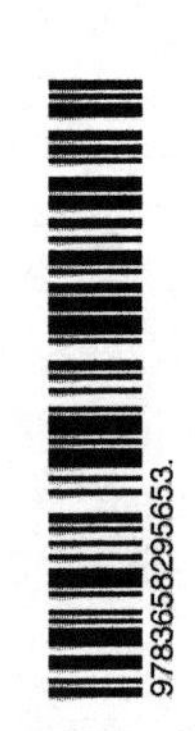
9783658295653.